VOYAGE

A LA

CÔTE ORIENTALE DE LA PÉNINSULE DE MALAKA.

EXTRAIT DES NOUVELLES ANNALES DES VOYAGES, 1849.

PARIS. — IMPRIMÉ PAR E. THUNOT ET Cᵉ,
36, RUE RACINE, PRÈS DE L'ODÉON.

VOYAGE

D'ABD-ALLAH BEN ABD-EL-KADER

MOUNSCHY (HOMME DE LETTRES)

DE SINGAPORE A KALANTAN

SUR LA

CÔTE ORIENTALE DE LA PÉNINSULE DE MALAKA,
ENTREPRIS EN L'ANNÉE 1838.

TRADUIT DU MALAY AVEC DES NOTES ET DES ÉCLAIRCISSEMENTS,
PAR M. ED. DULAURIER.

PARIS.

ARTHUS BERTRAND, LIBRAIRE,
23, RUE HAUTEFEUILLE.

1850.

VOYAGE

D'ABD-ALLAH BEN ABD-EL-KADER

DE SINGAPORE A KALANTAN,

SUR LA COTE ORIENTALE DE LA PÉNINSULE DE MALAKA,

EN L'ANNÉE 1838.

La relation suivante se recommande à plus d'un titre à l'attention du lecteur; elle lui donne accès dans des pays où les Européens ne connaissent que quelques points de la côte, encore même très-rarement visités par eux, et sur lesquels nous ne possédons que des notions superficielles et incomplètes. L'auteur, Malay d'origine et musulman, s'est trouvé en communion d'idées, de mœurs, de croyances et de langage avec les peuples qu'il a visités. Dans les conditions où sa nationalité et sa religion le plaçaient, il a pu pénétrer dans leur vie intime et recueillir des renseignements qu'un voyageur européen n'aurait pu obtenir, et dont sa position

1

personnelle garantit la parfaite exactitude. Aussi je ne crains pas d'affirmer que son opuscule dépeint bien mieux les Malays que beaucoup de volumineuses publications dont cette nation a fourni le sujet. Abd-allah, établi depuis longues années comme professeur de malay dans la ville de Singapore, au milieu des Anglais dont il parle la langue, a acquis, dans ce contact avec une civilisation supérieure, cet esprit de critique et d'observation qui manque généralement à ses compatriotes. Ces tendances, de nature si diverse, résumées en lui, lui ont suggéré dans le cours de sa narration une foule de réflexions qui paraîtront piquantes dans la bouche d'un indigène de l'archipel d'Asie. Son voyage, imprimé à Singapore en 1838, en caractères arabes, avec la transcription en lettres romaines en regard, est une des nombreuses productions de sa plume, l'une des plus fécondes et des plus élégantes de la littérature malaye contemporaine. J'ai conservé dans ma version le tour original du style de l'auteur, autant qu'il m'a été possible. Les proverbes, les locutions et toutes les expressions qui tiennent à la peinture des mœurs, ont été rendus avec autant de fidélité que le comporte le génie de la langue française. Dans cette reproduction rigoureuse, le style de la traduction y aura sans doute perdu ; la phraséologie malaye, tour à tour redondante ou elliptique, l'aura peut-être rendu souvent languissant ou abrupte. Mais ces défauts seront compensés, je l'espère, par le mérite d'avoir conservé la couleur locale, et fait converser Abd-allah avec le lecteur, sans un intermédiaire, qui, comme cela arrive souvent dans les traductions, mêle ses propres idées à celles de l'auteur.

———

En l'année 1253 de l'Hégyre (1838 de l'ère chrétienne), dix ou douze marchands chinois ou juifs, établis à Singapore, chargèrent des marchandises sur des bateaux pêcheurs chinois, pour une valeur de cinquante mille piastres environ, à destination des royaumes de Pahang (1), Trangganou (2), Ka-

(1) Ces cinq États sont situés sur la côte orientale de la péninsule de Malaka.

Celui de Pahang s'étend du sud au nord, depuis la rivière Sadily, par 2° 15′ lat. N. jusqu'à l'embouchure de la rivière Kamaman, par 4° 15′ de lat. N. environ. Kwala-Tasek forme sa limite intérieure du côté de Srimenanti. Entre Sadily et Pahang, on trouve les localités suivantes, gouvernées chacune par un Panghoulou (chef): Undowe, qui compte 300 maisons; Pontian, 150; Rumpin, 100; Bebbar, 100; Mertchong, 50. Entre Kamaman et Pahang, est Kwantan placé sous la juridiction d'un Panghoulou, et qui réunit un millier d'habitations, et produit beaucoup d'étain. Le royaume de Pahang, quoique nominalement feudataire de celui de Djohor, est gouverné par un chef indépendant, qui a le titre de Bandhara (voir p. 164, note 1), et qui était autrefois un des grands officiers du royaume de Malaka.

(2) Le royaume de Trangganou ou Tringganou, un des plus anciens États de la péninsule Malaye, s'étend entre Pahang et la rivière Basout, qui le sépare de Kalantan. Il comprend les États de Kamaman, Pakaa, Dongoun et Marang; à l'est, il est borné par la mer de Chine, à l'ouest par les montagnes qui le séparent de Pérak, royaume de la côte occidentale. La population de Trangganou, indépendamment de Kamaman, est portée à 30,000 âmes.

lantan (1), Patani (2) et Sanggora (3). Il y avait quelques mois que cette expédition était partie, lorsque l'on reçut à Singapore la nouvelle que la guerre avait éclaté à Kalantan, et que toutes les embarcations qui se trouvaient dans le port de cette ville étaient empêchées de sortir par ordre du roi. Il est d'usage en effet chez les Malays que, lorsqu'un pays est en guerre, tous les navires marchands ne peuvent plus entrer ni sortir. Alors les négociants de Singapore envoyèrent, par un bateau caboteur, une lettre au capitaine des Chinois de Kalantan (4). Ce dernier répondit aussitôt que rien n'était plus vrai que la

(1) Kalantan occupe du sud au nord tout l'espace compris entre l'embouchure de la rivière Basout et l'embouchure de la Barouna qui le sépare de Patani vers le nord. On estime la population de ce royaume à 50,000 âmes.

(2) Patani, qui maintenant forme une des provinces du royaume de Siam, était autrefois un des États les plus considérables et les plus populeux de la Péninsule; il se prolongeait jusqu'à la rivière Rindang, qui le limitait au nord du côté de Siam. Maintenant il s'étend jusqu'à Tana par 7° 20′ lat N., au delà même de Sanggora, ville située par 7° lat. N et qui est tout à fait Siamoise

(3) La ville de Sanggora, quoique considérée pendant quelque temps, comme devant être renfermée dans les limites des États malays, se rattache au royaume de Siam par la religion, le gouvernement et le langage. Elle est divisée en trois quartiers, l'un habité par les Siamois, l'autre par les Chinois, et le troisième par les Malays. Le quartier chinois est à Sanggora le centre du commerce et contient un millier d'habitants environ.

(4) Dans les pays malays, chaque centre de population différente dans une ville, chinois, malay, indien, bougui, est placé sous l'autorité d'un chef de la même nation, qui porte le titre de *kapitan* ou *capitaine*.

guerre était allumée à Kalantan , et que les bateaux
expédiés de Singapore y étaient retenus : qu'il leur
conseillait, si toutefois ils étaient de cet avis, d'obtenir de M. Bonham (1) une lettre de recommandation pour le radja (roi) de Kalantan , afin que ce dernier fît prendre soin de ces bateaux , et qu'il les laissât
retourner promptement dans le Détroit (2). D'après
cette réponse , les marchands se concertèrent et se
rendirent tous ensemble chez M. Bonham pour lui
demander cette lettre. Celui-ci leur en donna trois,
enveloppées de jaune (3) , l'une pour le Radja Bau-

(1) Ancien gouverneur de Singapore , prédécesseur immédiat
de M. Butterwork, gouverneur actuel.

(2) Par le mot générique *Selat*, Détroit, les Malays entendent
le détroit de Singapore.

(3) Les règles qui président à la rédaction et à la forme maté-
rielle des lettres malayes, ont une très-grande importance aux
yeux d'un peuple qui regarde l'étiquette comme une des lois
sociales les plus inviolables, et qui, à cet égard, est de la plus
ombrageuse susceptibilité. Le style et la disposition intérieure
d'une lettre, la manière de la plier, la place du sceau, la matière et la couleur de l'enveloppe, tout est réglé avec une minu-
tieuse précision, suivant le rang de la personne qui écrit la
lettre, et de celle à qui elle est adressée. Lorsque c'est un chef
qui écrit à un autre chef, elle est cousue dans une bourse appelée *Basout*, faite en étoffe de coton blanche ou jaune, et quelquefois de soie. Lorsque c'est un inférieur qui s'adresse à son
supérieur, la couleur de la bourse doit toujours être jaune. Entre
personnes d'un rang ordinaire, on emploie une enveloppe de
papier. Lorsqu'un inférieur s'adresse à son supérieur, ou un
enfant à ses parents, cette enveloppe est fermée de trois cachets
de *ambalou* ou gomme laque, de deux , si l'auteur de la lettre et
celui à qui elle est adressée sont d'un rang égal, et d'un seul si
la position de celui qui écrit est au-dessus de celle du destina-
taire. Si l'enveloppe est en papier, elle porte l'adresse ; si elle est

dhara(1), l'autre pour le Radja Toumenggong (2), et la troisième pour le roi de Kalantan.

Aussitôt deux bricks furent appareillés, l'un appartenant à M. Scott, et qui se nommait *Maggy Lauder*, l'autre de M. Boustead, et appelé *Water Witch*; il était quatre heures du soir, lorsque Baba Po-Eng (3) vint chez moi pour m'inviter à me charger de la mission de porter ces lettres. — Il se présente, me dit-il, une affaire qui pourrait offrir de grands avantages. Nous désirons t'envoyer à Kalantan pour remettre une lettre au souverain de ce royaume.— Mon temps ne m'appartient pas, lui répondis-je, car je suis employé chez MM. Norris et Teravily, et je dois avant tout leur communiquer ta proposition et obtenir leur consentement pour me mettre en route.—Eh bien! soit, me dit-il, mais ne perds pas de temps. Cette nuit même les deux navires doivent mettre à la voile. — J'allai aussitôt consulter ces messieurs, qui me répondirent que si je trouvais quelque avantage à partir, ils m'en donnaient la permission, afin que je pusse gagner de quoi alléger mes dettes. Ils voulurent sa-

en étoffe, on l'entoure d'une bande de papier sur laquelle l'adresse est tracée. Quelquefois la lettre est pliée, cachetée, et reçoit l'adresse à l'européenne.

(1) Le Bandhara est le magistrat chargé du pouvoir législatif, et le ministre de la justice.

(2) Le Toumenggong est le lieutenant de police.

On verra plus loin la raison pour laquelle ces deux fonctionnaires réunissent ici à la fois les deux titres de *radja*, roi, prince, et de *bandhara* ou *toumenggong*.

(3) Baba est un titre d'honneur que l'on donne aux Chinois établis à Singapore.

voir dans combien de temps je pensais être de retour.—Je n'ai jamais été en mer, leur dis-je, mais
on prétend que si le vent est favorable, quinze ou
seize jours suffisent pour ce voyage. — De là je me
rendis chez Baba Po-Eng, qui me conduisit à la
maison de Baba Boun-Tyoung, où se trouvaient
réunis tous les marchands, et nous traitâmes la
question du salaire qui devait m'être accordé. Je
demandai cent piastres. C'est trop, me répondirent
les baba; si tu étais seul, à la bonne heure; mais
il y a un Européen et Baba Ko-An, qui doivent t'accompagner. Après s'être concertés ensem-
bles ils me proposèrent quatre-vingts piastres, que
je refusai. Baba Boun-Tyoung et Baba Kim-Swi
firent des instances pour me les faire accepter. Leur
ayant témoigné le désir d'emmener avec moi un cui-
sinier et d'emporter des provisions, ils objectèrent
que c'était inutile, que toutes les dispositions
avaient été prises, et qu'il y avait à bord tout ce
que je demandais. Après avoir réfléchi quelques
instants, j'adhérai à leur proposition, à condition
que nous passerions d'abord une police. Mais Baba
Po-Eng se récria : Est-ce que tu n'as pas confiance
en moi? me dit-il. Si vraiment, lui répondis-je; mais
qu'aurai-je à faire? Baba Boun-Tyoung me dit :
Tu seras l'interprète de Grandpré, cet Anglais qui
doit aller avec toi. Il ne comprend pas le malay,
tandis que toi tu sais la langue usitée à la cour des
souverains (1). Dans toutes les affaires qui se pré-

(1) La langue malaye a quelques expressions particulières que

senteront vous vous entendrez tous les trois, et s'il y a des bateaux pêcheurs chinois qui veuillent vous remettre de l'or ou de l'argent en espèces, chargez-le dans le navire.

Ces conditions une fois réglées, je m'en revins préparer ma malle et prendre ma natte et mon traversin (1) que j'apportai à bord. Sur le coup de minuit, en l'année 1253, le premier jour du mois de Moharrem, un mercredi, date qui correspond au 27 mars de l'année chrétienne 1838, nous sortîmes du port de Singapore, dans le brick de M. Scott, en compagnie du *Water Witch*.

De Singapore nous atteignîmes d'abord Tanah-Merah (2). Là, ayant été assaillis par un coup de vent d'est, nous jetâmes l'ancre.

Le mercredi matin à six heures nous continuâmes notre route par un vent N.-N.-O., et nous parvînmes entre Takong et Marboukit (3). Nous rencontrâmes

l'on emploie en s'adressant à un radja, et qui constituent ce qu'on appelle le style de cour ou *bhasa dalam*.

(1) La natte et le traversin sont les deux meubles principaux de tout Malay, et lui servent de lit.

(2) Tanah-Merah, littéralement *terre rouge*; c'est le nom de deux montagnes qui s'élèvent sur la côte de l'île de Singapore, à trois lieues et demie environ nord-est de la ville. La couleur rougeâtre de ces deux montagnes leur a fait donner le nom qu'elles portent. On rencontre d'abord Tanah-Merah-Kitchil, ou la petite Tanah-Merah, et ensuite Tanah-Merah-Besar, ou la grande Tanah-Merah.

(3) Takong, île au nord-est de Singapore. — Marboukit ou Marouboukit, autrement appelé Johore-Hill, à l'extrémité sud-ouest du royaume de Djohor, en face de Poulo-Takong.

un prahou (1) pêcheur, que nous hélâmes et qui vint à nous. Nous lui achetâmes le poisson qu'il avait, quinze rapang, un peu de crevettes, et quelques menus fretins. Pour tout cela nous donnâmes une roupie, trois duites (2), un peu de riz bouilli et environ un gantang (3) de riz cru. Vers les quatre heures du soir, nous mouillâmes à Pangarang (4) pour nous procurer du bois propre à tailler des pieux et des rames, et pour acheter des bannes en nattes tressées, et en même temps pour faire de l'eau. Nous mîmes tous pied à terre; les uns allèrent abattre le bois qui nous était nécessaire, les autres se baigner dans l'intérieur des forêts. Je rencontrai Baba Tching-Ke, fils de Intche (5) Eng et frère de Baba Tcheng-Hei, dans les bois, avec quatre ou cinq Chinois : ils étaient occupés à couper des arbres pour construire un gouvernail de wang-kang (6). Eh ! pardieu, s'écria Baba Tching-Ke en m'apercevant, tout aujourd'hui jusqu'à ce soir des coups de canon n'ont cessé de retentir du côté de Pagnousouk (7), ainsi qu'un feu continuel de mous-

(1) Terme générique pour désigner toutes sortes d'embarcations en malay.

(2) Le duite est une pièce de monnaie hollandaise en cuivre, valant 1 cent. 1/2 de notre monnaie. Les duites qui ont cours dans l'archipel d'Asie, y ont été frappés pour la plupart.

(3) Le gantang, mesure de capacité malaye, égale un gallon d'Angleterre.

(4) Pangarang est sur la côte sud-ouest de Djohor.

(5) Titre qui signifie *maître* ou *maîtresse*, et qui équivaut à notre mot *monsieur* ou *madame*.

(6) Sorte de jonque chinoise.

(7) Pagnousouk ou Point-Romania.

queterie. Ce bruit vient-il d'un vaisseau de guerre ou de quelque corsaire, c'est ce que j'ignore. Prends bien garde, car nous sommes dans la mousson des Lanon (1). Bah! lui dis-je, ainsi vont les choses, l'eau avec les poissons, la plaine avec le gibier, la mer avec les pirates. Lorsqu'il vit que je ne tenais aucun compte de pareils propos, il cessa d'en débiter et garda le silence.

Il y avait à Pangarang dix ou douze huttes habitées par des Orang-Laut (2), dont l'occupation était de faire des nasses à pêcher, et qui demeuraient en cet endroit. Je leur demandai un fragment de banne que je payai sept wang (3), et j'en donnai quatre pour la location d'un prabou de transport. Cependant nos hommes rapportèrent les pieux, les rames, ainsi que l'eau qu'ils étaient allés chercher; puis nous regagnâmes notre navire. Baba Ko-An, depuis le moment où il avait entendu parler de corsaires, avait changé de couleur. Lui ayant demandé pourquoi ses traits étaient altérés, il me répondit qu'il était ivre. Cependant nous poursuivîmes notre route, mais nous ne fîmes que

(1) Les Lanon sont un peuple qui ne vit que de piraterie. Ils sont originaires des provinces Illana et Lanow à Magindanao, au nord de Bongo-bay. Leurs excursions, qu'ils entreprennent sur des flottes considérables de petits prahou, se portent vers le détroit de Macassar, les Molnques, et surtout au sud des Philippines. Ils vont vendre le produit de leurs déprédations à Soulou, qui est leur grand entrepôt.

(2) Ou Rayet-Laut, littéralement, hommes de mer, peuples sauvages disséminés sur les côtes de la Péninsule et les îles adjacentes.

(3) Wang, du japonais *bang*, un double sou.

louvoyer, à cause du manque de vent. Parvenus
à Sounggey-Ringgit (1), nous aperçûmes un prahou
qui s'avançait du rivage. Nous l'appelâmes pour
qu'il vînt à nous. Il était chargé de volaille et monté
par quatre hommes, une vieille femme et un tout
petit enfant. Je reconnus cette femme, comme
ayant demeuré autrefois chez M. Thomsen (2) ; je
lui dis : Mère, as-tu rencontré un brick de guerre,
ou un prahou armé, et d'où venez-vous ? Elle me
répondit : nous nous rendons de Sadily (3) à Takong
pour aller trouver Radja-Prang (4). Il y a un
prahou armé et un brick de guerre à Tandjong-
Pounggey (5). Quarante prahou montés par des

(1) J'ignore la position précise de Soungey-Ringgit ; mais l'itiné-
raire d'Abd-allah conduit évidemment à placer ce point sur la côte
sud de Djohor. Le mot *soungey* en malay signifie *rivière*. — Comme
ce mot ainsi que d'autres désignations géographiques générales
sont fréquemment répétés dans notre relation et se trouvent
sur toutes les cartes, je dois en donner ici une fois pour toutes
la traduction : *boukit*, colline ; *gounong*, montagne ; *kwala* ou
kouala et *quala*, port formé par l'embouchure d'une rivière ; *ma-
lang*, rocher ; *pangkalan*, endroit où l'on passe une rivière ou un
bras de mer et aussi un quai, *wharf* ; *tandjong*, cap, pointe de
terre ; *teroumbo*, récif, *talouk*, *telok* et *teloh*, baie ; *poulo*, île.

(2) Missionnaire danois, qui a résidé à Singapore, et auteur
du Bugis Vocabulary.

(3) Sadily, village composé de soixante-dix habitations, auprès de la rivière de ce nom, laquelle sépare Djohor du royaume
de Pahang.

(4) J'ignore si ces deux mots qui signifient littéralement le *roi
de la guerre* sont le nom propre d'un individu ou bien le titre de
quelque fonction militaire.

(5) Tandjong-Pounggey est sur la côte orientale de Djohor,
au nord de Point-Romania.

pirates Lanon croisent à Kwala-Pahang. Ces embarcations ont sept brasses de long et quatre de large, et sont garnies de chaque côté de huit canons. Le Datou (1) Bandhara de Pahang désirait aller à Dayik : il était accompagné de cinquante prahou. Mais il s'en est retourné en remontant la rivière par crainte de ces Lanon, alors stationnés dans le port.

En entendant ce récit, Baba Ko-An perdit trois fois connaissance et devint tout pâle. Sa contenance effrayée fit beaucoup rire tout le monde à bord. Dès lors il ne voulut plus adresser la parole à qui que ce fût et resta muet.

Nous nous remîmes en route, nous dirigeant sur Tandjong-Romania. Le vent nous ayant fait défaut, nous jetâmes l'ancre en cet endroit. Pendant la nuit les deux bricks se rapprochèrent, et Baba Ko-An nous dit : Consultons les anciens des deux navires. Qu'entends-tu par là ? lui dîmes-nous, Grandpré et moi. Il y a un vieillard, nous répondit-il, timonier du *Water Witch*, qui est très-habile dans l'art de la divination. Allons lui demander de voir si les nouvelles qui nous ont été données sont vraies. Comme il plaira au baba, lui dis-je. Alors nous nous réunîmes pour interroger le vieillard. Celui-ci, après avoir gardé un moment le silence, nous dit : Rien de plus vrai que les nouvelles qui vous ont été annoncées ; et ce sont des hommes brun-clairs de peau qui

(1) Noble, chef de caste, chef féodal. Ce titre est héréditaire dans la famille, mais le titulaire est électif. Dans quelques endroits il semble être plutôt un titre de magistrature.

les ont apportées. Ces mots achevèrent de persuader Baba Ko-An. Il se mit aussitôt à murmurer contre nous deux : Eh! quoi, vous voulez pour une somme de quatre-vingts piastres exposer notre vie ! Il n'est pas même certain que nous touchions leur argent ! Malheureux que nous sommes de les avoir écoutés, ils ont de belles paroles pour persuader ceux dont ils veulent se servir. Cependant chacun de nous apprêta ses armes et nous chargeâmes nos canons. Il était environ huit heures du matin, lorsque nous arrivâmes à Tandjong Pagnousouk. Ayant observé avec la lunette d'approche, nous aperçûmes derrière ce cap deux prahou sous voiles. Nous leur fîmes des signaux, et lorsqu'ils se furent approchés, nous leur demandâmes leur route. Ils nous apprirent que du Détroit ils allaient à Pahang, et qu'un des deux prahou devait se rendre à Trangganou.

Ayant de nouveau mis à la voile après avoir tiré quatre coups de canon à poudre, nous arrivâmes à Tandjong-Klisa où nous passâmes la nuit.

Le lendemain nous continuâmes notre route, et nous découvrîmes deux wangkang qui se dirigeaient vers le Détroit. L'eau vint à nous manquer dans notre prahou. Nous aperçûmes trois sangliers sur le rivage. Plusieurs de nos gens étant descendus à terre, pour faire de l'eau, pénétrèrent dans les forêts, et rencontrèrent des Djakoun (1), qui, en les

____

(1) L'une des six tribus sauvages, savoir : les Rayet Outan,

voyant, s'enfoncèrent en courant à toutes jambes dans l'intérieur des bois et en poussant de grands cris. Nos gens prirent la fuite de leur côté et regagnèrent le navire. Il était deux heures du matin environ, lorsque le vent étant tombé tout à fait, nous nous arrêtâmes pour le reste de la nuit à Tandjong-Samoubouk.

Vers les cinq heures nous nous dirigeâmes vers Poulo-Pamanggil. Nous étions en pleine mer, lorsque nos haubans se cassèrent. Aussitôt nous amenâmes nos voiles, pendant qu'on réparait cet accident. Nous avions repris notre route, lorsqu'au bout de dix minutes à peu près, les haubans se cassèrent de nouveau, et les chaînes qui les retenaient se rompirent entièrement. Après avoir attaché fortement les haubans, et continuant à marcher par un vent N.-E., nous arrivâmes à Poulo-Satchewer non loin de Tandjong-Gadjah. Cependant, le vent cessa entièrement, et il se leva du côté du nord dans une direction qui nous était contraire. Nous nous arrêtâmes là pour faire de l'eau, mais nous n'en trouvâmes pas du tout. Il était environ quatre heures du soir, lorsque nous voulûmes partir, mais le vent soufflait avec une violence telle qu'il était impossible d'ouvrir les yeux ; de plus la marée montante était extrémement forte. Alors nous jetâmes l'ancre, résolus d'attendre le jour en cet endroit. Nous n'étions plus maîtres de nos navires, ballottés par les vagues

les Djakoun, les Sakkye, les Halas, les Belandas et les Besisik, qui habitent les forêts du sud de la péninsule malaye.

qui venaient dans la direction du nord. Nous tînmes conseil cette nuit pour savoir quel parti nous prendrions, au milieu d'une aussi furieuse tempête. Baba Ko-An était d'avis de nous en retourner dans le Détroit; mais tous les gens de l'équipage s'écrièrent qu'ils s'y opposaient, et qu'ils préféraient périr au milieu des flots; car, disaient-ils, nous nous serions donné de la peine en pure perte, pendant ces cinq ou six derniers jours, et si nous revenions sur nos pas, Baba Boun-Tyoung ne nous payerait sans doute pas ce qu'il nous a promis. Après nous être concertés tous les trois, nous les assurâmes qu'ils n'avaient rien à craindre, et que si Baba Boun-Tyoung leur refusait le salaire convenu, nous leur compterions, nous, quinze piastres pour les indemniser. Alors ils répondirent : Attendons, pour voir si le vent ne se calmera pas d'ici au matin, dans le cas contraire nous retournerons. Nous nous arrêtâmes à cette résolution, et cette nuit nous mouillâmes à Tandjong-Gadjah.

De grand matin nous passâmes à Poulo-Babi-Katchi (1), pour faire de l'eau ; nous trouvâmes là un canot de cabotage pourri et abandonné au gré des flots. Après avoir pris l'eau qui nous était nécessaire et nous être baignés, nous revînmes au

(1) Ile située entre Poulo-Tioman et la côte de la Péninsule le long de laquelle s'étend le royaume de Pahang; tous les points précédents, Tandjong-Klisa, Tandjong-Samoubouk, Poulo-Pamanggil, Poulo-Satchewer, et Tandjong-Gadjah, qui ne se trouvent sur aucune des cartes que j'ai consultées, doivent être cherchés entre Tandjong-Pounggey et Poulo-Babi-Katchi.

navire. Nous tînmes conseil , incertains si nous re-
tournerions, ou si nous irions remplir notre mission
jusqu'au bout. A la fin , nous fîmes le serment nous
trois , Grandpré, Baba Ko-An et moi , de revenir
s'il le fallait , dans le Détroit. Alors nous levâmes
l'ancre et nous mîmes à la voile. Nous trouvâmes environ dix brasses de fond. Cependant quelqu'un s'é-
cria : Il faut continuer notre route. A ces mots Baba
Ko-An se mit à crier : C'est courir à une mort certaine, c'est aller nous livrer aux Lanon. Quant à
moi je refuse d'aller plus loin. Comment! ces gens-là,
pour ne pas perdre quatre-vingts piastres, veulent
exposer leur vie! A l'instant même tout l'équipage
fut d'avis d'aller en avant: nous virâmes de bord et
mîmes à la voile par un vent du nord très-violent.
Les vagues étaient énormes et un grand nombre de
cordages et d'agrès furent brisés.

Nous naviguâmes toute la nuit et sur le matin
Dieu nous fit la grâce d'arriver à la mer de Babar (1). Les flots s'élevaient à une hauteur prodigieuse. Nous jetâmes l'ancre dans les eaux de
Tandjong-Batou pour attendre le reflux, car les
courants étaient extrêmement rapides, et nous y res-
tâmes jusqu'à cinq heures et demie du soir. Alors
nous levâmes l'ancre et partîmes. Il survint un coup
de vent du sud-est qui souleva avec force les flots
de la mer. Les chaînes des haubans se cassèrent à
l'instant. Dieu seul connaissait toutes nos inquié-

_____

(1) Babar est le nom d'une rivière qui a son embouchure sur
la côte de Pahang.

tudes au milieu de ce danger. Notre navire tour-
noyait battu par les vagues et sous les coups d'un
vent des plus impétueux. Pour comble d'infortune
nos vivres étaient épuisés et il ne nous restait
plus rien à manger pour ce jour-là. Cependant
nous liâmes les haubans avec des rotins, et nous
naviguâmes toute la nuit. Sur le matin nous essuyâ-
mes une nouvelle bourrasque accompagnée de
pluie. Notre navire faisait eau de tous côtés, tant
les vagues étaient grosses Enfin, par la grâce de
Dieu, nous découvrîmes le port de Pahang. Ce
port se divise en deux bassins, et le banc qui forme
cette séparation s'avance jusqu'au milieu de la
mer.

Il était une heure quand nous y entrâmes, ne
portant pour toute voile qu'un seul foc. Chaque
homme tenait une galle en main pour résister
au ressac. Nous pensions que le navire allait à
chaque instant se briser, tant la mer était irritée. Les vagues s'élevaient aussi hautes qu'un palmier. Chacun de nous poussait des cris. Cependant,
grâce au secours de Dieu, nos deux navires firent
leur entrée sans avarie et sans le moindre accident.
Le grand brick demeura dans le port, tandis que
le *Water Witch* remontait la rivière.

Ce fleuve est très-large : il s'étend, d'une rive à
l'autre, aussi loin que la vue peut se porter. Les
bords à droite et à gauche sont recouverts d'un
sable blanc. Le courant afflue continuellement vers
la mer sans être arrêté par la marée montante. A
l'époque où les pluies grossissent la source de la

rivière, l'eau douce se fait jour jusqu'en pleine mer. Au milieu du fleuve surgissent plusieurs îles de différente grandeur.

Après l'avoir remonté pendant une heure et demie environ, nous parvînmes au kampong (1) chinois. Il y avait là plusieurs centaines de Malays et de Chinois, campés sur le bord, portant des lances et autres armes. Lorque nous eûmes tous trois mis pied à terre, ils nous demandèrent d'où venait notre navire. Nous leur apprîmes que nous arrivions du Détroit et que nous étions chargés d'une lettre pour le radja de Kalantan. Puis vint Tengkou(2) Seyd, et Tengkou Tandjong suivis d'une foule considérable, pour savoir des nouvelles du Détroit et le prix des marchandises. Après avoir satisfait à leurs questions, je m'informai où était le Datou Bandhara. Ils me répondirent que ce fonctionnaire et le capitaine des chinois avaient remonté la rivière jusqu'à Djaley, endroit où on extrait l'or des mines, et qui est à quinze journées de distance. Ils ajoutèrent que tout le long de ses bords on rencontrait des kampong, et que ses eaux étaient remplies de crocodiles fort dangereux.

L'aspect du pays me suggéra quelques observa-

(1) On désigne en malay par le mot *kampong*, un enclos, un endroit entouré de palissades, une bourgade environnée d'un rempart ou fortifiée. un district ou quartier de ville habité par des gens d'une même nation, et réunis sous l'autorité d'un chef ou capitaine.

(2) Cette expression correspond à notre titre *monsieur* ou *monseigneur*.

tions. Les douson (1) n'ont ni bazars ni boutiques ; il n'y a pas non plus de rues s'ouvrant à
la circulation, excepté dans le kampong chinois,
où elles ont une étendue de cinquante brasses environ. Mon regard ne pouvait tomber sur cette
contrée, sans me sentir ému de compassion, car
elle dégénère chaque jour et se transforme en ter-
rains incultes et en forêts, par la négligence et la
paresse des habitants. C'est eux seuls qu'il faut en
accuser, car le sol est propre à développer toutes
sortes de semences et de plantes, et tous les arbres
que je vis étalaient une végétation luxuriante. Sur
cent habitants à peine s'il y en a dix qui travaillent ;
les autres croupissent dans l'oisiveté, occupés tout
le long du jour à mendier ou à commettre de mauvaises actions. Chacun d'eux porte sur soi quatre
ou cinq armes différentes qui ne les quittent jamais.
Il y en a qui aiment à faire les beaux et pas autre
chose. Ils sont vêtus d'un badjou (2) et de culottes
d'une grande élégance. Rien ne peut les engager à
chercher les moyens de gagner honorablement leur
vie. Lorsqu'ils me virent, ils accoururent de tous
côtés et se rassemblèrent pour venir me contempler
comme une curiosité qu'ils n'auraient jamais vue.
J'aperçus parmi eux quantité d'individus qui mâ-
chaient de l'opium, et qui étaient maigres et pâles.

---

(1) Les douson sont des villages ou bourgades situés à l'intérieur du pays dans des endroits de difficile accès et environnés
d'arbres touffus. Ils sont placés sous l'autorité d'un magistrat qui
porte le titre de doupáty.

(2) Le manteau malay.

Les maisons qu'ils habitent sont toutes recouvertes de toitures (1). Les unes sont petites, les autres sont grandes; toutes sont bâties sur le sol (2), et
encombrées d'herbes parasites Elles sont disposées
sans aucune régularité, d'un côté et de l'autre, dans
les bois et sur le rivage. Il y en a qui sont entourées
d'une palissade, d'autres qui n'en ont pas, d'après le
caprice du propriétaire. Tel est le spectacle que présentent les deux rives du fleuve : partout des criail-
leries se font entendre. Le dessous de ces maisons (3) est rempli d'immondices, de fumier et d'ordures. En y entrant on est saisi d'une odeur infecte,
les broussailles et les dépôts que l'on entasse là

(1) L'auteur, en parlant des divers édifices servant d'habitations ou autres, fait souvent la remarque qu'ils sont recouverts
d'une toiture, pour indiquer sans doute qu'ils diffèrent des huttes
ou constructions dont le sommet est formé par le prolongement
des murs en cône ou à angle aigu.

(2) Par cette remarque, l'auteur veut dire que les gens de Pahang ne sont pas dans l'usage d'élever des maisons dans l'eau
tout le long des bords du fleuve, comme cela se pratique généralement dans tous les pays de l'archipel d'Asie. Ces sortes de
constructions, bâties sur pilotis, sont des pavillons ou maisons
de plaisance que l'on habite pendant l'été, et que l'on nomme
Gambong. Leur position sur l'eau et leurs fenêtres, disposées
d'après un système ingénieux de ventilation, y entretiennent
une agréable fraîcheur.

(3) La forme des habitations malayes, dont on trouvera un
spécimen dans la planche qui sert de frontispice à la troisième
édition de l'histoire de Sumatra de Marsden, explique comment
le dessous de ces habitations peut être un réceptacle d'immondices accumulées. Une maison malaye, appuyée sur quatre poutres
plantées verticalement dans le sol, est construite au niveau du
premier étage et l'on y monte au moyen d'une échelle; le rez-

chaque jour et que l'on brûle, laissent échapper une fumée continuelle qui est produite afin d'écarter les moustiques. Lorsque j'entrais dans ces maisons la respiration me manquait, et mes yeux laissaient couler des larmes cuisantes. Les vêtements des habitants sont tous noircis, et l'on n'y distingue pas la couleur d'un seul morceau.

Les produits du sol les plus abondants à Pahang sont la noix de coco et la noix d'arec ; néanmoins, pendant le séjour que j'y fis, on n'obtenait que huit noix de coco pour une piastre. Il s'y trouve aussi quelques végétaux, comme kladi (1), oubi (2), ka-ledek (3), cannes à sucre et bananes. Mais toutes ces denrés provenaient de l'intérieur du pays.

La nourriture de ces peuples se compose de bufles, chèvres, quelque peu de bœuf, de poules et de canards. Les oiseaux que nous y vîmes en plus grande abondance étaient des corbeaux. Les kampong et les bords de la rivière en sont infestés ; ils sont attirés par les ordures qui jonchent le sol en abondance, comme les poissons de rebut et les cadavres d'animaux.

de-chaussée est ainsi remplacé par cet espace vide dont parle Abd-Allah. A cette élévation, les habitants sont à l'abri de l'invasion des serpents et des bêtes féroces.

(1) Plante à grandes feuilles et dont la racine est bonne à manger, *arum colocasia*, Rumphius, *arum aquaticum*, Mém. de la Soc. des sciences de Batavia.

(2) Racines ou tubercules dont le nom générique est djamdjam, et dont il y a un grand nombre de variétés, entre autres la dioscorea, ou oubi-kitchil (petit djamdjam) et le convolvulus ou oubi-gadang (grand djamdjam).

(3) Sorte de pomme de terre d'un goût assez doux.

Les marchandises que l'on exporte le plus de Pahang sont l'or et l'étain. Il y a un petit nombre de personnes qui filent des étoffes de soie. On en tire aussi du bois de kamouning (1), quelque peu de résine-damar et des rotins. Les marchandises qui sont susceptibles d'avoir cours à Pahang sont l'opium, la soie, le sel et le riz : les étoffes d'Europe peuvent aussi y trouver un peu de débit.

Je m'informai du gisement de l'or : les gens du pays me répondirent qu'en remontant la rivière pendant quinze jours on parvient aux mines, dans un lieu nommé Djaley. Les tranchées que l'on y a ouvertes sont désignées par une foule de noms différents. On y compte réunis dix mille Chinois ou Malays. C'est un endroit très-fréquenté et qui forme un centre de commerce considérable. On me dit qu'il y a, vers la source de la rivière de Pahang, un grand nombre de Djakoun, qui viennent de l'intérieur des forêts apporter du bois d'aloès, du benjoin, de la résine-damar et des rotins ; il y en a aussi qui travaillent aux mines avec les Malays ; mais le plus grand nombre se consacre à faire venir des plantations et toute espèce de fruits, qu'ils viennent vendre ou échanger contre du tabac et du sel, avec les marchands que le commerce attire à Djaley. La source de la rivière de Pahang touche au royaume de Malaka.

(1) *Chalcas paniculata*, L. *astronia*, Mém. de la Soc. Batav. Arbre qui donne des fleurs et dont le bois agréablement veiné est susceptible de recevoir un beau poli.

Il est très-difficile à Pahang de se procurer des vivres, c'est même impossible à des étrangers, à moins de les payer un prix très-élevé, parce qu'il n'y a pas, comme je l'ai dit, de boutiques ou bazars. Les indigènes prétendent que cet état de choses ne les gêne en rien, parce qu'ils y sont habitués.

Il y a un usage dans ce pays, qui me paraît devoir être la source de beaucoup de difficultés, c'est celui qui est relatif au système monétaire. Seize tampangs (1) valent une piastre, sans pouvoir être fractionnés en trois soukou (2), un demi-soukou et un soukou. Si nous voulions acheter un objet de minime valeur, il fallait donner un tampang entier. Je dis au fils du bandhara, lequel se nommait Tengkou Soleyman : Est-ce que tu ne songes pas à remédier à un pareil inconvénient? Il se mit à rire et me répondit : Bien souvent mon père a essayé de le faire, mais les tigres dans les forêts et les crocodiles dans les fleuves redoublant de férocité, ont dévoré des habitants. Cette considération nous a détournés de toute innovation à cet égard, et nous avons laissé subsister une coutume qui remonte à l'origine des choses. Un pareil raisonnement fit naître le sourire sur mes lèvres, et en m'empêchant de rien ajouter, fut loin de convaincre mon incrédulité.

Les Chinois établis dans ce pays sont tous, sans exception, Haya d'origine (3), et résident dans le

(1) Une masse ou gâteau d'étain servant de monnaie.
(2) Le mot soukou signifie un quart, et aussi le quart d'une piastre.
(3) Natifs de Canton.

kampong chinois; leurs maisons sont garnies d'une toiture. Chacun d'eux a chez lui en réserve des étoffes, des denrées et autres provisions analogues, et lorsque l'on désire en acheter, on va s'adresser à eux. Ils se marient avec des femmes de Bali (1) ou des Malayes. J'entendis leurs enfants parler plus volontiers le chinois que le malay. Dans ce kampong s'élève un petit édifice surmonté d'une toiture, et qui est le temple de leurs idoles.

Il y a à Pahang une grand nombre d'Arabes, qui ont le rang et le titre de seyd ou de scheykh. Les premiers descendent du Prophète de Dieu, les seconds sont issus des compagnons du Prophète. Les Malays les tiennent en grande vénération, et emploient en leur parlant le même langage dont ils se servent vis-à-vis des souverains. Lorsqu'ils veulent adresser la parole à ces Arabes, ils s'asseyent pour leur témoigner du respect (2), et emploient vis-à-vis d'eux les termes Tengkou et Hamba Tengkou (3). Ces Arabes font le commerce, et la plupart sont très-riches. Leurs maisons sont beaucoup plus belles que celles des Malays, et sont recouvertes d'une toiture. Dans leurs actions et leur langage, tout annonce la majesté royale. Le kampong arabe est séparé du kampong malay, il s'é-

____

(1) Ile à l'est et dans le voisinage de Java.

(2) La posture assise est celle du respect chez les Malays, comme partout en Orient.

(3) *Tengkou* c'est-à-dire *monseigneur* en les nommant, et *hamba tengkou*, c'est-à-dire *l'esclave de monseigneur* lorsque l'interlocuteur parle de lui-même. Cette dernière locution est une forme très humble et très-polie du pronom de la première personne.

tend sur le bord de la rivière opposé au kampong chinois. Là s'élève une mosquée dans le voisinage du kampong du Datou Bandhara. Elle est garnie d'un toit, et une partie de ses murailles est en planches. Le Datou Bandhara ainsi que les Malays s'y rendent le vendredi pour faire la prière.

On compte à Pahang une ou deux écoles où l'on enseigne la lecture. Sur dix ou douze familles, il y a un enfant ou deux qui apprennent à lire l'Alcoran, aucun n'étudie la langue malaye ; négligence qui est commune à tous les pays où elle est indigène. Les Malays se contentent de s'exercer dès leur enfance à lire l'Alcoran ; mais sans le comprendre. Je pourrais affirmer que peut-être sur un millier, il n'y en a pas un qui en ait une véritable intelligence.

La langue malaye usitée à Pahang est d'une prononciation délicate et d'une phraséologie correcte, parce qu'elle dérive de Djohor. C'était pour moi un chagrin extrême, en entendant ses sons si purs et si harmonieux, de songer que les habitants ne veulent pas se donner la peine de l'étudier, quoiqu'elle soit leur idiome national, et n'ont destiné aucun lieu à l'enseigner. Si donc les Malays s'inquiétaient de se procurer un gourou (1) habile à instruire les enfants, certainement ils verraient se former parmi eux des hommes sachant lire et écrire, rédiger toutes sortes de compositions, et versés dans les sciences.

Y a-t-il rien de plus vrai que cet adage : « Ce

---

(1) Précepteur religieux, ou dans un sens ordinaire et usuel, maître de langues et de littérature.

que l'on poursuit ne saurait être atteint, et ce que l'on porte sur la hanche traîne sur le sol?» En d'autres termes, l'intelligence de la langue arabe est inaccessible pour eux, et leur propre idiome est sans valeur à leurs yeux.

La plupart des lettres écrites par les Malays, et par leurs princes eux-mêmes, se font remarquer par l'incorrection du style, par l'ignorance des règles de l'épellation, par le défaut de liaison des caractères, et par la substitution arbitraire de l'un à l'autre, défauts qui tendent à altérer la grâce et l'énergie de leur idiome.

Pahang fourmille de princes. Chacun d'eux possède une multitude d'esclaves, que je vis se répandre en tous lieux et jusque dans les maisons particulières où ils vont étaler journellement leur importance. Les esclaves du radja y sont aussi très-nombreux; en voici la raison. Si un homme en a tué un autre ou a commis un crime, et qu'il pense ne pouvoir éviter le dernier supplice, alors il réfléchit qu'il vaut mieux pour lui devenir l'esclave du radja. Aussitôt il se réfugie auprès de ce dernier, et vient en s'inclinant lui avouer sa faute, et lui témoigner le désir d'entrer à son service. Le radja lui octroie une marque qui le constitue *orang dalam* (1). Dès ce moment cet homme prend le titre d'*esclave royal* et le transmet à ses descendants, et personne n'ose l'inquiéter par respect pour la qualité qu'il a acquise. Si quelqu'un tue un esclave royal, sept hommes sont obligés de se

____

(1) Littéralement *homme de l'intérieur*, c'est-à-dire attaché au palais.

sacrifier à ses funérailles. C'est ce qui fait que ces gens-là jouissent d'une liberté illimitée à Pahang. Si l'un d'eux commet quelque méfait, nul n'est assez hardi pour s'en mêler par crainte du souverain. Aussi deviennent-ils de plus en plus arrogants et audacieux, au milieu de la terreur qu'ils inspirent, et leur tyrannie va s'augmentant chaque jour. Beaucoup de personnes sont de leur part l'objet de dénonciations calomnieuses et d'accusations qu'ils rapportent au radja Le prince qui a toute confiance en eux, intervient; et c'est ainsi qu'une foule de serviteurs de Dieu sont ruinés ou périssent, victimes d'un tel état de choses.

Autre abus relatif aux débiteurs. Lorsque le terme du payement est arrivé et que le créancier vient réclamer son argent, si le débiteur demande un délai parce qu'il n'a pas le remboursement prêt, le créancier a recours aux esclaves du roi et leur dit : Je vous donnerai un salaire si vous allez demander à un tel l'argent qu'il me doit. Ceux-ci se rendent aussitôt auprès du débiteur pour le contraindre par la violence à payer, le menaçant en cas de refus de le percer de coups. Il en est effectivement qui périssent ainsi. Pour éviter un sort aussi funeste, on voit des gens qui se défont de leurs effets à vil prix, afin de se procurer de quoi se libérer.

Il y a un usage à Pahang qui mérite aussi d'être remarqué. Lorsqu'un homme a commis un crime qui emporte la peine capitale, on lui perce le cou à la veine jugulaire ou on l'empale. Lorsqu'il est condamné au premier de ces deux supplices, on lui lie les pieds et les mains, puis on l'assied à l'avant d'un prahou, et l'on rame vers un bras de la rivière. Là, le receveur des péages arrive avec un kris (poignard) fourni par le bandbara, et en perce le criminel à la partie du coup désignée ci-dessus. Après quoi, le receveur des péages se rend dans le kampong chinois, et va demander dans chaque maison un tampang, pour les frais de l'enterrement du supplicié. La peine du pal consiste à introduire un pieu de nypah (1) par le fondement du condamné, et à le faire passer par son ventre.

Lorsque je demandais aux gens du pays s'ils voudraient renoncer à leurs coutumes, du moins en ce qu'elles ont de vicieux, ils me répondaient que, comme elles remontaient à des temps reculés, si quelqu'un s'avisait de les changer ou de les enfreindre, il serait frappé par leur Vieux Monarque qui vivait dans les anciens âges. Réponse de sots et d'ignorants; car si ces coutumes se perpétuent, bientôt le royaume de Pahang sera ruiné et désert. Dans leur obstination aveugle, ils peuvent être comparés à la grenouille qui, tapie sous une noix de coco, s'imagine que la concavité de cette noix est le ciel.

Après avoir séjourné à Pahang, je descendis la rivière et je m'arrêtai dans ce port pendant deux jours, parce que dans un intervalle de vingt-quatre heures,

(1) *Nypa fructicans*, Lour. *cocos nypa*, Thunb., espèce de palmier dont la tige s'élève à une médiocre hauteur, et qui croît ordinairement dans les terres marécageuses. Sa feuille sert à couvrir les toits des maisons, et l'on conserve son fruit comme une friandise.

nous fûmes assaillis quatre ou cinq fois le jour et la nuit, par de violents coups de vent, accompagnés de pluie. La nuit du jeudi, il arriva de Kwantan (1) un petit prahou qui annonça à notre équipage que les Lanon stationnaient avec quarante prahou à Tandjong-Toudjoh (2), qu'il s'en trouvait aussi à Poulo-Kapas (3), ainsi qu'à Poulo-Redang (4), et que de quatre prahou appartenant aux gens de Kwantan ils en avaient pris deux, et que les deux autres étaient parvenues à se sauver. Ils ajoutaient que tous ces Lanon avaient le corps tatoué. Intché Ribout vint pendant la nuit me faire part de ces nouvelles : elles passèrent successivement de bouche en bouche et furent bientôt connues de tous. Lorsqu'elles arrivèrent aux oreilles de Baba Ko-An, il fut en proie aux plus vives inquiétudes, et ne put plus dormir jusqu'au matin. Il y avait à Pahang un bateau pêcheur dont le patron se nommait A-Hing (5), et qui était sur le point de se rendre dans le détroit. Le lendemain, Baba Ko-An alla le trouver pour le prier de l'emmener avec lui. Après quoi il retourna au navire faire un paquet de sa natte, de son traversin

(1) Rivière qui coule entre Trangganou et Pahang. C'est aussi le nom d'une localité située à l'embouchure de cette rivière et se rattachant au royaume de Pahang. Voir p. 3, note 1.

(2) Tandjong-Toudjoh, littéralement *les sept caps*. J'ignore la position précise de ce point que je crois situé sur la côte de Trangganou.

(3) Poulo Kapas, littéralement *l'île du coton*, non loin de la côte de Trangganou.

(4) Poulo Redang est au nord de Poulo-Kapas.

(5) C'était un Chinois comme l'indiquent son nom, et le titre chinois *tchintchou* ou patron de bateau, que lui donne l'auteur.

et de tous ses effets. Baba Ko-An, lui dis-je, n'a-joute pas foi aux nouvelles que l'on répand : ce sont autant de mensonges débités dans le but seulement de nous éprouver. Maintenant ou veux-tu aller? Il me répondit : Je désire m'embarquer sur ce bateau pêcheur pour le Détroit. Comment donc, lui dîmes-nous, Grandpré et moi, tu veux t'en retourner, lors-que Baba Boun-Tyoung compte sur nous trois pour porter ces lettres à Kalantan? Si vous en avez le cou-rage vous deux, répliqua-t-il, eh bien! partez. Quant à moi, j'ai peur, et je ne veux pas exposer inu-tilement ma vie.

Pendant cet entretien, son cœur palpitait, sa respiration était entrecoupée, et ses larmes cou-laient. Un moment après il ajouta : Je suis malade et je veux m'en retourner. Si le baba prend ce parti, lui répondis-je, à coup sûr nous autres deux nous en ferons autant, car c'est toi qui es porteur des lettres écrites en chinois, destinées au capitaine chinois de Kalantan. Il répliqua : Vous avez beau dire, c'est inutile, je me refuse à aller plus loin. Voyant cela, Grandpré fit des instances auprès du patron du bateau pour qu'il ne le prît pas à son bord.

En même temps nous crûmes devoir aller, Grand-pré et moi, à la recherche des gens qui avaient ré-pandu ces nouvelles. Je les interrogeai avec soin, et ils m'apprirent qu'ils les tenaient d'autres personnes. Je n'y ajoutai aucune foi. Aussi fûmes-nous confir-més tous deux dans la résolution de poursuivre notre voyage jusqu'à Kalantan. Si nous mourrions, ce serait par la volonté de Dieu ; il nous aurait suffi de remettre à leur destination les lettres dont nous étions chargés.

J'appelai donc je ne sais combien de fois Baba Ko-An, en insistant pour qu'il nous accompagnât ; mais il fit la sourde oreille. Il ne savait quel parti prendre, et ne cessait de pleurer. Il nous disait : Est-ce que Dieu ne nous a pas envoyé deux ou trois signes pour nous avertir que sa volonté était que nous renonçassions à ce voyage ? D'abord les haubans se sont brisés deux fois, ensuite nous avons trouvé un canot de cabotage pourri à Poulo-Babi, et enfin nous avons appris à Pahang l'arrivée des La-non. Ce sont là, certes, des présages funestes, et cependant vous voulez me perdre, moi qui suis seul, sans père, et qui n'ai plus que mon grand-père paternel. D'ailleurs j'ai fait un mauvais rêve ; de plus, après avoir lancé des pétis (1), j'ai interrogé le da-tou, qui m'a dit de ne pas aller à Kalantan ; en ayant lancé d'autres, il s'est mis à rire et m'a conseillé de rentrer dans le Détroit. Du moins laissez-moi vous attendre à Pahang. Je lui adressai les plus pressantes exhortations, mais ce fut en pure perte, et il persista plus que jamais dans sa résolution. Il s'épuisait à répéter : Tuez-moi plutôt que de me faire bouger d'ici. Que celui qui est assez hardi pour se mettre en route, parte.

(1) Petite pièce de monnaie en étain, en plomb ou en cuivre. L'auteur veut parler sans doute d'une sorte de cérémonie superstitieuse, qui consiste à jeter des pétis en l'air et à chercher à connaître l'avenir d'après le côté que ces pièces de monnaie présentent en retombant à terre. C'est un moyen analogue à notre jeu de croix ou pile.

L'équipage était furieux. Si nous revenons, murmuraient les matelots, qui est-ce qui nous comptera notre salaire? Baba Ko-An leur répondait : L'affaire m'est personnelle ; et cependant vous êtes unanimes pour répéter sans cesse la même chose. Il n'y aucun doute que vous serez payés par Baba Boung-Tyoung.

Malgré toutes ses protestations, Grandpré et moi nous tînmes bon pour l'empêcher de nous quitter, parce qu'il n'avait aucun motif sérieux pour cela. Lorsqu'il vit que nous étions bien décidés à continuer notre route, il se rendit à l'embarcation du patron A-Hing, pour y prendre passage. Mais celui-ci le refusa, en le traitant de fou, et de gobe-mouches. Une telle obstination nous mit en colère tous les deux contre lui, car il était cause que nous avions perdu deux jours à cet endroit. Demain, lui dîmes-nous, celui qui voudra rester sera libre de le faire, et nous, nous partirons. Sur le soir, il changea de langage : Vous n'êtes pas des hommes vous autres, nous dit-il, et moi j'en suis un. Allons, partons pour Kalantan

Nous fûmes tous enchantés de cette résolution, quoique prise si tard Mais le lendemain il nous conta qu'il avait fait un mauvais rêve pendant la nuit, et qu'il avait envie de nouveau de s'en revenir.

A l'instant Grandpré rédigea une déclaration qui portait que maintes fois Baba Ko-An avait changé d'idée, et qu'à présent il s'engageait sous la foi de sa signature de finir d'arriver à Kalantan. Grand-pré lui remit cet écrit, mais il refusa de le signer , en alléguant que nous étions tous les deux conjurés contre lui, et qu'il était victime de notre tyrannie. Allons, ajouta-t-il, j'exposerai ma vie, mais plus tard je vous intenterai un bon procès. Ces paroles excitèrent l'hilarité générale. Alors il voulut passer sur le petit brick, dans la pensée que ce navire était plus léger que le nôtre, et que si nous rencontrions des pirates, il pourrait, lors même que le vent ne soufflerait pas, leur échapper à force de rames. Mais je m'y opposai en lui disant qu'il fallait que nous restassions tous trois ensemble pour diriger l'expédition dont nous étions chargés ; que d'ailleurs il était à craindre que l'autre navire fît naufrage avec une mer aussi houleuse, et se trouvant surchargé et à moitié plein d'eau comme il était. Suis-je un débiteur (1), me répondit-il, pour que l'on craigne que je prenne la fuite? Non certes, dis-je, mais si nous ne sommes pas tous les trois sur le même bâtiment, nous ne pourrons pas nous entendre s'il survient quelque accident. Ces mots mirent fin à notre conversation.

Cependant le onzième jour du mois de moharrem, un samedi matin à sept heures, Intché Ribout

(1) Pour comprendre cette phrase, il est nécessaire de savoir qu'il existe chez les Malays une sorte de contrat par lequel un homme peut engager ses services envers un autre en qualité d'esclave, pour un espace de trois ans, trois mois, trois jours, moyennant l'avance qui lui est faite d'une somme d'argent. Jusqu'à ce qu'il se soit acquitté par son travail de ce qu'il doit, et jusqu'au délai déterminé, il n'est pas libre de quitter le maître qu'il s'est donné. C'est une sorte d'esclavage temporaire.

et Intché Bountal firent sortir les navires du port de Pahang ; et nous naviguâmes de concert avec sept prahou de Trangganou.

Pendant que nous étions en mer, ma pensée ne pouvait se détacher du spectacle que m'avait offert le pays de Pahang. Mon esprit recherchait les causes qui avaient fait tomber un royaume autrefois si florissant dans un tel état de pauvreté, de dépopulation et de décadence, sans avoir été soumis par la conquête, ni dévasté par l'ennemi. Dans mon opinion, ce n'est pas parce qu'il aurait été pillé par des corsaires, car jamais je n'ai entendu affirmer qu'un grand royaume ait perdu son commerce et ses richesses par des incursions de pirates ; ce n'est pas par les défauts du sol, car celui de Pahang est d'une fertilité extrême ; ce n'est pas non plus par suite de la négligence absolue des indigènes, car il n'y a jamais eu dans le monde une contrée dont tous les habitants, sans exception, soient paresseux, et il suffit qu'une partie de sa population soit industrieuse pour que cette contrée devienne grande et riche. Le motif véritable, à mes yeux, qui a rendu le royaume de Pahang si misérable, c'est que chacun y vit dans une perpétuelle appréhension de la cupidité du souverain et des grands, et des avanies qu'ils peuvent lui faire subir. A quoi bon, se disent-ils, nous donner de la peine ? Si nous venions à gagner un peu d'argent ou à nous procurer quelque bien-être, tout cela serait convoité et nous serait enlevé par eux. Aussi les habitants croupissent-ils dans l'indolence et la misère pendant

le cours de leur vie. Tout le mal vient donc de la perversité et de l'ignorance des princes qui les gouvernent. Quelle différence avec les contrées soumises à
la domination anglaise ! Là chacun est comme un
roi ; un homme n'en craint pas un autre, personne
ne peut le tourmenter; car l'administration et les
lois sont dirigées vers un seul but, la paix et la tranquillité publiques(1).

Il était près de quatre heures du soir, lorsque
nous dépassâmes les navires malays qui nous accom-
pagnaient. Nous prîmes un tanggiri-batang qui mor-
dit à l'hameçon que nous avions suspendu à l'arrière
du navire. Vers neuf heures du soir, nous rencontrâmes des courants très-rapides, et nous nous arrêtâmes à Poulo-Oular (2). Sur les deux heures du
matin, on leva l'ancre, et continuant notre route
nous parvînmes vers les six heures à Kamaman (3).
Là, dans la matinée, nous prîmes à la ligne un kat-
chang-katchang, au bout d'une heure nous en
prîmes d'autres, et vers les trois heures du soir, un
tanggiri-batang. Nous naviguâmes toute la nuit, et

(1) Un pareil langage dans la bouche d'un indigène de l'archipel d'Asie, s'explique par la circonstance qu'Abd-Allah a passé la
plus grande partie de sa vie dans la colonie de Singapore, au milieu des Anglais, et employé à leur service.

(2) Poulo-Oular, c'est-à-dire, *l'île des serpents*.

(3) Kamaman est une localité située sur la rivière de ce nom
entre Pahang et Trangganou, par 4° 15' lat. N. C'est un établissement d'une date récente et qui doit son origine sans doute à
l'exploitation des mines d'étain qui sont dans le voisinage. Il est
gouverné par un chef qui relève du radja de Trangganou. Sa population est estimée à 1,000 Chinois et Malays.

sur les cinq heures du matin, nous arrivâmes devant Poulo-Kapas. Comme nous manquions d'eau, de sel et de tabac, nos deux navires se concertèrent pour aborder sur-le-champ à Trangganou afin de nous ravitailler. Il était sept heures du soir, lorsque nous entrâmes dans la rivière de ce nom. Aussitôt nous mîmes pied à terre, et nous nous dirigeâmes vers la demeure de l'inspecteur de la navigation.

L'aspect du port de Trangganou me parut très-beau. Le fleuve est très-large et l'eau en est douce. On n'aperçoit de la mer d'autres arbres que des cocotiers. Tout le rivage est couvert d'un sable blanc.

En descendant du navire, mes regards tombèrent sur une petite cabane dont les murs étaient protégés par une toiture. Dans l'intérieur est un baley (1) construit en bambou. C'est la résidence de l'inspecteur chargé d'examiner les navires qui arrivent. Lorsque nous y fûmes parvenus, il se rassembla des groupes d'hommes armés et qui portaient des javelots entassés comme des rangées de nasses (2). L'inspecteur nous demanda d'où nous venions et où nous allions. Après que nous eûmes satisfait à ces questions, il nous dit qu'il était très-difficile en ce moment de pénétrer dans Kalantan, parce que ce royaume était livré à une conflagration générale, et que la veille il en était arrivé des gens annon-

(1) Pavillon ou salle de réception.

(2) L'auteur veut exprimer par ces mots la grande quantité de javelots dont ces hommes étaient armés, et rend sa pensée par une figure analogue à celle que nous avons dans notre langue, lorsque nous disons : une forêt de lances.

çant qu'il y avait eu récemment deux à trois cents hommes tués. Datou inspecteur, lui dis-je, quelles sont les coutumes en vigueur dans ce pays-ci, et les choses défendues? Apprends-les nous, car nous sommes de nouveaux arrivés, ignorant vos usages. Nous désirons nous rendre au bazar pour nous procurer des provisions. Dans ce moment, nous répondit-il, le bazar ne tient pas, et ce n'est que le soir ordinairement qu'il y a marché. Quant à ce qui est défendu, le voici : lorsque l'on dépasse le kampong du roi, on ne peut porter ni payong(1), ni san-

(1) Le *payong* ou parasol est chez les Malays, comme partout en Orient, l'un des insignes de la souveraineté ou le privilége des plus hautes fonctions de l'État. Le parasol de couleur jaune est réservé exclusivement pour le roi. Il est défendu, dans les funérailles, d'en porter d'aucune espèce. — A la fin d'un exemplaire du code de Malaka, qui appartient à la Bibliothèque Nationale, on trouve un formulaire qui régle l'étiquette à suivre pour la réception et l'envoi des lettres royales et de celles qui émanent des principaux ministres, et la couleur des parasols employés dans cette cérémonie. Une lettre destinée pour le souverain de Menangkabau ou celui d'Atcheh (Achem), à Samatra, doit être accompagnée, à partir du palais jusqu'au navire que monte l'ambassadeur qui en est chargé, de quatre parasols jaunes et de deux parasols blancs, tous déployés; pour Djakatra (aujourd'hui Batavia), dans l'île de Java, de deux parasols, l'un jaune et l'autre blanc; pour Malaka, d'un parasol blanc. L'envoi d'une lettre du roi de Djohor à Pérak ou à Kedah (trois royaumes de la Péninsule malaye) n'admet qu'un seul parasol blanc.

La forme, la matiére et la couleur du payong, et ses ornements qui sont ordinairement trés-riches, varient beaucoup. Quelquefois il est de soie brochée d'or avec des sonnettes ou grelots tout autour, et des franges de perles; l'extrémité supérieure ou la pointe est dorée. Le manche, en bois de prix, est rehaussé d'incrustations en nacre et de pierres précieuses.

dales, ni vêtements de couleur jaune(1) et faits d'étoffes fines. Tous ces objets sont interdits d'une manière absolue.

A ces mots je ne pus m'empêcher de sourire. Eh quoi ! des règles vaines et stupides assimilent l'usage de ces bagatelles à un crime ! Pourquoi donc ne pas défendre aux oiseaux de voler sur le palais du roi, aux mousquites de sucer son sang, aux punaises d'infester sa couche, à l'éléphant de pousser des cris, et aux gens de se mouvoir lorsqu'ils passent devant ce palais ? Ces choses sont-elles plus importantes que celles que l'on proscrit ? Mais quant à celles qu'il serait convenable d'empêcher et dont l'interdiction serait un bienfait pour tout le monde, on les laisse subsister, comme l'habitude de l'opium qui détruit la santé, et une foule de jeux de hasard autrefois inconnus aux Malays, et importés par les Chinois, et qui conduisent à une ruine complète les serviteurs de Dieu. Pourquoi ces gens-là ont-ils sur eux des vêtements couverts de souillures et de malpropreté, des badjou qu'ils ne lavent pas de quatre à cinq mois, à l'odeur infecte et pleins d'une vermine hideuse qu'on les voit continuellement occupés à détruire ? Tout le long de mon chemin, j'aperçus une foule d'enfants qui jouaient, abandonnés à eux-mêmes, privés de toute

Quelquefois aussi le payong est en papier de couleur bleu de ciel, de couleur de flamme tirant sur le clair, de couleur de flamme cramoisie, de couleur jaune, verte. orange, violette ou pourpre, cramoisie, rouge, blanche, etc. Il y a des payong en papier de Chine, doublés d'une étoffe de laine : d'autres faits avec un assemblage de plumes de paon.

(1) La couleur réservée aux souverains.

— 39 —

instruction et dans l'attitude de la paresse. Et tout cela n'est pas défendu ! Il y a plus, lorsqu'un étranger et surtout un Européen débarque dans leur pays, des groupes d'hommes et d'enfants courent sur ses traces et se rassemblent en foule compacte autour de lui, abandonnant les occupations dont ils auraient besoin pour gagner leur vie et celle de leur famille. Les chemins et les rues sont remplis d'ordures et de boue. Il y croît des broussailles qui sont remplies de serpents, et où les tigres pourraient même trouver un repaire ; et cela les touche peu !

Mais si un étranger, nouvellement arrivé dans le pays, porte des vêtements jaunes ou se sert d'un payong pour garantir sa tête de l'ardeur du soleil, faut-il considérer sa conduite comme un acte de mépris et un attentat envers le souverain ? Faut-il croire que cet étranger a voulu ambitionner la grandeur et les honneurs du rang suprême par de pareilles futilités (1) ?

(1) La couleur du payong et des vêtements est réglée dans les pays malays d'après chaque rang de la société. Le code de Malaka, compilé sur la fin du xiiie siècle de notre ère par ordre du sultan Mahmoud-schah, contient à cet égard des dispositions formelles et très-sévères. L'usage fait par un particulier de la couleur affectée au souverain, serait considérée non-seulement comme une infraction à l'étiquette, mais encore comme une véritable déclaration d'indépendance et de rébellion contre son autorité ; ce serait un acte pareil à celui d'arborer parmi nous un drapeau proscrit, ou de proférer des cris séditieux. On conçoit comment la loi malaye a dû punir sévèrement une telle infraction, dont les conséquences pourraient être si funestes chez des peuples qui ne sortent jamais sans être armés, et qui sont tou-

Je dirigeai mes pas en longeant les rues vers le bazar. Ces rues n'ont pas tout à fait une brasse de large et sont tortueuses. Leurs obliques replis les font ressembler à un serpent qui se tord sous le bâton qui le frappe. Ici on rencontre un pont, là des ordures, plus loin des broussailles qui croissent pêle-mêle avec des arbres. Les kampong et les maisons sont disséminés sans ordre et sans aucun ensemble, à la volonté de chacun ; et les enclos qui les environnent sont tout à fait irréguliers. Ces maisons sont couvertes d'une toiture et assez élevées ; les unes tournent le dos au chemin, les autres lui font face, celles-ci en suivent la direction, celles-là s'en écartent tout à fait. Chacune est orientée d'une manière particulière. Des immondices et du fumier s'entassent tout à l'entour et jusque par-dessous. On y dépose aussi des amas de l'écorce sèche et fibreuse du cocotier, pour faire de la fumée afin de chasser les mousquites. Tout auprès, ainsi que dans les kampong, cet arbre croît à profusion. Chaque kampong possède un édifice ayant une toiture, et qui sert d'école. Je passai devant des boutiques où des femmes vendaient diverses denrées, telles que des gâteaux tchoutchour (1), des régimes de bananes, des kladi bouillis, des gâteaux de talam (2), des

jours prêts à faire appel à la force brutale. Abd-Allah, habitué aux usages européens de la colonie anglaise de Singapore, a oublié ou n'a pas compris le sens de l'interdiction qu'il blâme ici ou tourne en ridicule.

(1) Ce mot est javanais et désigne une sorte de pâtisserie.

(2) Le mot *talam* signifie un plateau, une soucoupe qui cou-

myrobolans de Malaka , des kouriä (1) et de la farine douce. J'aperçus cinq ou six éléphants attachés par le pied avec une chaîne, et qui appartenaient au roi. Ce pays foisonne de corbeaux : on les aperçoit tout le long des routes, des rues et des douson prenant leurs ébats.

Ce royaume offre un sol plus généralement uni que montueux. Aux environs de la ville , il est mêlé de sable ; mais dans l'intérieur et dans les douson , il est partout argileux. En face du kampong du roi, dans l'enceinte de la ville , s'élève une colline couverte de broussailles et d'une moyenne hauteur, c'est-à-dire d'environ vingt ou trente brasses; au sommet flotte un drapeau. Les kampong et les édifices de la ville sont situés sur les deux rives du fleuve. On assure que la rivière de Trangganou a sa source contiguë à celle de la rivière de Kalantan.

Je parvins au kampong royal. Les maisons en sont en pierres, avec une façade de trente pieds d'étendue; les tourelles imitent celles des demeures chinoises. Elles sont entourées de chaussées qui étaient parsemées d'immondices, de crachats de bétel et de mousses. Je vis aussi là un édifice en pierre qui sert de magasin pour les marchandises. Dans le voisinage s'élève une maison aussi en pierres , appartenant à un

tient quantité de petits plats ou de tasses , et que l'on pose sur le *doulang* ou table ronde à manger , autour de laquelle on s'assied accroupi. Les *gâteaux de talam* sont probablement des pâtisseries que l'on est dans l'habitude de servir à des convives sur une de ces sortes de plateaux.

(1) Sorte de gâteau.

Chinois, appelé A-tching-ko, lequel après avoir embrassé l'islamisme a pris le nom de Intché Saleh. C'est l'homme le plus riche de Trangganou; il passe pour avoir à lui deux ou trois cent mille piastres (1).

A l'époque de notre voyage, le roi de Trangganou était mort; son fils encore très-jeune, puisqu'il n'avait alors que quinze ou seize ans, lui avait succédé sous le nom de Sulthan Mohammed-Ebn-Sulthan-Mansour-schah. L'administration de ce prince était encore pire que celle de ses prédécesseurs, car il était sans aucune instruction, et la raison ne lui était pas encore venue. On me raconta pendant mon séjour une foule d'actes de tyrannie commis par les souverains de Trangganou, prédécesseurs de ce dernier; ils enlevaient les femmes et les filles, surtout celles des Chinois.

En arrivant au bazar, je le trouvai désert. Il se compose de cabanes à toiture et de baley construits sur les deux côtés du chemin et entièrement inhabités. Ayant demandé à des gens que je rencontrai où était le bazar, ils me répondirent : « Seigneur, ce sont les édifices que tu vois tout autour de toi. Lorsque le soleil inclinera sur l'horizon, si tu viens ici, tu pourras te procurer tout ce que tu désires; car le marché a lieu seulement le soir. » Il n'y a que les femmes qui occupent les boutiques, où elles vendent toutes sortes de comestibles et d'étoffes. Dès que le soleil baisse, elles accourent de la ville et des

____

(1) La valeur ordinaire de la piastre est de 5 fr. 40 c. ou 45 c. de notre monnaie.

douson, et des parties du pays situées vers le haut de
la rivière, pour se rendre au bazar, chacune portant
sur la tête un panier où sont contenues les marchandises destinées à être étalées dans les boutiques.
On peut alors aller s'y approvisionner tant que le
soleil n'est pas encore couché. Dès qu'il a disparu,
aussitôt elles s'en retournent et le bazar devient désert jusqu'au lendemain à l'heure habituelle. Ce marché porte le nom de *bazar du kampong maritime.*

Toutes les provisions de bouche, les légumes et
le poisson y sont à bon marché. Les limons pena-
war (1) se vendent pendant la saison sur le pied de
deux cents pour une piastre. Je vis une très-grande
quantité d'orangers dans les douson et les kampong. Il y a cinq espèces de limons qui ont chacune
une valeur différente. Les bœufs, les chèvres, les
brebis, les canards, les poules sont aussi à très-
bas prix. Une chèvre se vend une piastre. Malgré ce
bon marché, les habitants sont très-peu partisans
de la viande et du beurre. Ils préfèrent le poisson,
les légumes, et les aliments d'une odeur infecte,
comme le tampoyak (2), le pakasam (3), le petey,

(1) Le mot *limou* ou *limoun*, est persan et s'applique d'une manière générique en malay aux citrons, limons ou oranges. On en
compte une foule de variétés parmi lesquelles est le limon pena-
war, mentionné ici par Abd-Allah.

(2) C'est le douriàn préparé au sel. Le douriàn, *durio zibetti-
nus* L., est un fruit d'une saveur agréable, très-recherché par
les indigènes, mais dont l'odeur repoussante le fait rejeter par
les Européens. Il tire son nom de son écorce garnie de piquants,
douri signifiant en malay, *épine.*

(3) Sorte de fruit conservé aussi dans la saumure.

le djaring (1) et autres fruits semblables, ainsi que des houlam-houlam (2). Ce sont là les articles que l'on voit exposés en plus grande abondance dans le bazar.

La monnaie courante à Trangganou est le pétis d'étain ; il en faut trois mille huit cent quatre-vingts pour faire une piastre. Chaque pièce porte pour empreinte ces mots : *Melek el-adel* (le roi juste). Elles sont de la grandeur de nos duites.

Les marchandises que fournit à l'exportation le pays de Trangganou sont l'or, l'étain et le café. La quantité de café que l'on en tire chaque année est d'environ mille pikoul (3), celle du poivre noir de mille à deux mille pikoul, celle des noix d'arec sèches de deux à trois mille pikoul. On en tire aussi des étoffes de soie, des sarong (4) d'un tissu fin, des étoffes de soie croisée de fil, des salouar (5) de soie, des badjou tout façonnés, des ceintures, des foulards, ainsi que diverses sortes d'armes, comme kris, épées, lances, piques ; et en outre, du sucre, des cocos, de l'huile de noix de coco, du beurre, des rotins, de la résine-damar, etc. Les marchandises susceptibles d'avoir cours à Trangganou sont l'opium, les étoffes de Madras appelées *geras*, les

(1) Le petey et le djaring sont des fruits préparés au sel, et d'une odeur infecte.

(2) Mélanges ou salades des divers fruits précités avec des poissons secs ou du caviar.

(3) Le pikoul équivaut à 60 kil. 472.

(4) Le sarong est la jupe ou cotte que portent les Malays.

(5) C'est le mot persan *schelouar* qui désigne des chausses ou culottes descendant jusqu'à moitié cuisses.

tissus blancs de quatre-vingts coudées (1) de longueur, les tissus cramoisis ou rouges en très-petite
quantité, les indiennes d'Europe, les fils d'Europe
rouges, blancs, bleus, noirs, et quelque peu de
noix d'arec mûres.

Les esclaves ne sont pas nombreux à Trangganou,
quoique le commerce en soit parfaitement libre.
Dans ma pensée tous les habitants de ce pays peuvent être assimilés à des esclaves, parce qu'ils obéis-
sent à des coutumes détestables et insensées, dont
ils n'oseraient pas s'affranchir s'ils le voulaient.

En me promenant j'arrivai au kampong chinois.
D'abord on rencontre un pont en planches, large
d'une brasse et long de cinq ou six. En face de ce
pont est une chaussée entourée de murailles avec
une seule porte ayant un peu plus d'une brasse
d'ouverture. J'entrai et j'aperçus à droite et à gauche
de petites maisons en pierre, chacune avec une boutique, et qui toutes appartenaient à des Chinois.
Nous nous rendîmes Grandpré et moi à l'habitation
du capitaine-doyen. Un mur d'enceinte renferme cet
édifice qui est construit en pierres avec des tourelles, à l'instar des temples chinois. A droite et
à gauche, nous aperçûmes une enfilade de chambres. Sur le derrière s'étend un espace où croissent
des cocotiers. La femme du capitaine se montra;
elle était avancée en âge, elle paraissait bien avoir

(1) Le nom de la mesure est omis dans le texte original. Ce
n'est que par conjecture que je l'ai rétabli en employant le terme
usité ordinairement chez les Malays, pour les mesures d'étendue.

de soixante-dix à quatre-vingts ans, et ses yeux ne s'apercevaient plus. Je m'assis et me mis à leur raconter des nouvelles de Singapore. Ces vieillards firent preuve dans leur conversation d'une rare intelligence. Leur langage était plein d'aménité, et ne trahissait en rien la mauvaise prononciation habituelle aux Chinois ; on aurait cru entendre des Malays. Dès que nous fûmes assis, on servit du thé et des oranges et ils nous pressèrent de faire honneur à cette collation. Toutes les femmes de la famille se présentèrent ; sous le rapport du caractère, des manières, du costume et du langage, on les eût prises pour des Malayes ; elles étaient charmantes. « Asseyez-vous un instant, messieurs, nous dirent-elles, nous allons faire apporter des noix de coco fraîches. » Je les remerciai, et j'insistai pour nous retirer sur-le-champ à cause du peu de temps que nous avions. Nous prîmes congé de cette famille en faisant à tous nos civilités et nos révérences. Le capitaine me dit : « Je te recommande mes deux petits-fils qui depuis quelque temps sont partis pour le Détroit. Si tu les rencontres et qu'ils aient besoin de tes bons offices, accorde-les-leur avec empressement. »

Les Chinois qui résident à Trangganou sont des Hok-kien(1) et des Haya, mêlés les uns avec les autres. La plupart se servent, dans la conversation, plus volontiers du malay que du chinois ; mais presque tous leurs enfants emploient préférablement leur idiome national. Les Chinois sont beaucoup plus

____

(1) Natifs de la province de Fo-Kien.

nombreux dans l'intérieur du pays que dans la ville même de Trangganou.

Je continuai mes courses et pénétrai dans une rue qui me conduisit à une mosquée construite en pierres, et dont le plancher et la toiture sont en bois. Tout autour s'élève un mur d'enceinte en pierres.

Il y a très-peu d'Arabes à Trangganou ; on en compte deux ou trois seulement. Pourquoi ne fréquentent-ils pas ce royaume, c'est ce que j'ignore.

Aucun établissement n'est consacré à l'enseignement de la langue malaye ; mais dans chaque maison il y a cinq ou six enfants qui apprennent à lire l'Alcoran.

La langue de Trangganou est le malay, mais la prononciation en est dure à l'oreille. Ce défaut rappelle l'idiome de Kedah : au lieu de *Touan* (seigneur), *Allah* (Dieu) *Djangan* (ne pas), *Boulan* (lune), ils disent *Touang*, *Alloh*, *Djangang*, *Boulang*. Mais cette altération n'affecte que la prononciation, et ils écrivent la langue aussi correctement que nous. Il y a même parmi eux quelques habiles calligraphes qui excellent dans l'écriture arabe, et qui s'occupent à faire des copies de l'Alcoran et des autres livres arabes ; mais les manuscrits malays sont rares. Aussi la plupart des exemplaires de l'Alcoran, qui viennent de Trangganou, sont partout en grande estime. Parmi les habitants de ce pays, on peut en compter deux tiers comme sachant lire l'arabe, et un cinquième le malay.

La construction de leurs prahou de pêche me

parut digne d'attention. Ces embarcations peuvent recevoir un chargement de quatre ou cinq koyan (1). Elles ont un équipage de trente ou quarante hommes, qui vont en pleine mer par une profondeur de quinze à vingt brasses. Là, l'un d'eux descend au fond pour voir où le poisson abonde, et prête l'oreille au bruit qu'il fait. Si son examen lui prouve que la pêche peut être fructueuse, il remonte à la surface, et les filets sont lancés.

L'extrême pauvreté de ce royaume est visible en tous lieux : la contenance des habitants trahit la paresse et l'indolence dans laquelle ils vivent tout le long du jour. Dans chaque kampong et dans toutes les rues, on se heurte à des officiers et à des esclaves du roi. Leurs vêtements ne sont rien moins que splendides, car ils sont dégoûtants de saleté comme leur corps ; mais en revanche chaque homme porte sur soi quatre à cinq javelots, un kris et un tchinangkas (2). Ils ne font autre chose que se promener ainsi armés tout le long de la rivière. Ce sont leurs femmes qui travaillent, qui tiennent boutique, font le commerce et toutes les affaires, afin de gagner la subsistance du ménage. Les maris restent dans une oisiveté complète, n'ayant d'autre soin que de manger, dormir et raccommoder leurs armes. Et cependant ce pays est d'une fertilité parfaite, les eaux y

(1) Mesure usitée dans l'estimation des cargaisons de navires ; elle varie suivant les localités dans l'archipel d'Asie. A Singapore, le koyan équivaut à 40 pikoul, ou 2418 kil. 880.

(2) Sorte de poignard malay.

sont excellentes; il se prêterait admirablement à l'agriculture et à l'élève des bestiaux. En d'autres mains il se couvrirait promptement des plus riches produits.

La cause d'un si déplorable état de choses doit être imputée à la tyrannie et à la mauvaise administration des souverains qui le gouvernent. Leurs sujets découragés pensent qu'il est préférable de ne se donner aucune peine; que le matin apportera le repas du matin, et le soir la nourriture du soir. Si nous avions, se disent-ils, un mobilier, une jolie maison, des ladang (1) ou des plantations considérables, certainement le radja chercherait tous les moyens possibles pour s'en emparer. Il nous emprunterait ou nous reclamerait ce que nous possédons, et en cas de refus de notre part, il aurait recours à la violence; et si alors nous lui opposions de la résistance, il nous ferait périr infailliblement nous et notre famille, en confisquant nos propriétés. La crainte de ces exactions empêche que le royaume de Trangganou ne soit peuplé, en écarte les étrangers et y détruit tout commerce. Ce sont là des faits notoires dans toutes les contrées d'alentour.

Là les femmes font les métiers qui sont le propre des hommes, et par suite elles sont forcées de quitter leurs foyers et de laisser leurs enfants à l'abandon, dans la saleté, et exposés au froid et à l'humidité. Aussi ces

(1) Champ situé sur une hauteur ou dans un endroit sec, et qui est préparé pour la culture du riz. Les rizières établies dans des endroits bas et marécageux se nomment *sawah*.

enfants contractent-ils toutes sortes de maladies ; ils font des chutes, reçoivent des contusions et des meurtrissures, et leur corps, devenu rachitique, se couvre de gales et d'ulcères. N'est-ce pas une coutume absurde que celle qu'ont les hommes de sortir toujours en armes ? est-ce faire preuve de courage que d'errer partout à l'aventure avec cet attirail de guerre dans un temps de paix, comme feraient des enfants oisifs et vagabonds, et n'en montreraient-ils pas davantage en luttant contre leurs penchants à l'indolence, à d'inutiles conversations, et à l'intempérance dans le boire et le manger ? Mais si je leur avais fait ces observations, peut-être m'auraient-ils répondu, comme les gens de Pahang, que, renoncer à leurs habitudes vicieuses, ce serait vouloir exciter la férocité des tigres et des crocodiles, et exposer les populations à être dévorées par ces animaux. Ce qui est le pire de tout, c'est de voir dans ce pays les princes croupir, dès leurs plus jeunes ans, dans une ignorance qui est la cause de la faiblesse de leur gouvernement et de tous les maux qui accablent leurs sujets. Dans leur jeunesse, ce qui les charme uniquement, ce sont les coqs de joute, le bambou à fumer l'opium, les jeux de hasard, et les objets de leurs passions ; ce qu'ils convoitent, c'est la liberté de commettre toutes sortes d'excès.

De pareils personnages, lorsqu'ils sont montés sur le trône, ressemblent à la *cognée qui voudrait sculpter une boîte à bétel* (1), parce qu'ils s'ima-

(1) C'est-à-dire un instrument lourd et grossier, employé pour

ginent avoir trouvé à gouverner un théâtre destiné aux combats de coqs. Ces désordres viennent
du défaut d'instruction des parents, de leur négligence à réprimer les habitudes vicieuses de leurs fils,
lesquelles s'enracinent peu à peu; en sorte que,
lorsqu'à sa mort ceux-ci leur succèdent, ils se pré-
cipitent comme des tigres sur les populations.

Cependant vers le soir je me rendis à bord pour
nous mettre en route. Les deux petits-fils du capitaine
chinois vinrent nous faire visite. Ils se nommaient,
l'un Baba Tekli, l'autre Baba Tcheng-Kyet. Ils apportèrent dix noix fraîches de coco, des coquillages
au sel dans une boîte, une petite caisse de beurre,
et deux bottes de cannes à sucre. Lorsque nous voulûmes partir, ce fut impossible à cause de la marée
montante qui battait avec une grande force. Ce ne
fut qu'à huit heures du soir environ que nous sortîmes du port de Trangganou, et nous naviguâmes
toute la nuit.

Vers le matin nous parvînmes devant Poulo-Redang (1). Sur les dix heures nous fûmes assaillis par
un coup de vent de N.-E. accompagné de pluie.
Les vagues étaient énormes, notre navire faisait
eau de tous côtés, et nos vêtements étaient tout
trempés. Nous continuâmes à voguer quand la nuit
était déjà venue. Lorsque nous fûmes arrivés à Sa-

travailler une matière délicate et qui doit nécessairement la
mettre en pièces C'est un proverbe malay.

(1) Groupe d'îles dans le voisinage de la partie nord de la côte
de Trangganou, là où elle confine au royaume de Kalantan.

bak, l'obscurité était profonde. Là nous aperçûmes six ou sept prahou à l'ancre avec leurs bannes déployées. Aussitôt chacun de nous disposa ses armes dans la persuasion que c'étaient des corsaires. Les canons furent chargés à boulet quatre par quatre et nous mîmes la mèche à la main ; car déjà nous étions tout près d'eux. En même temps nous les hélâmes pour leur demander d'où ils venaient. Ils nous répondirent qu'ils sortaient de Kalantan pour se rendre dans le Détroit. Rassurés par cette réponse, nous continuâmes notre route.

Sur le matin, nous mouillâmes dans le port de Kalantan. Intché Bountal nous conseilla de retourner à Sabak, où se trouvait le fils du radja, nommé Tengkou Temana, parce que c'était lui, nous dit-il, qui devait nous présenter à ce prince. Alors nous virâmes de bord. Il y a environ la même distance que de Malaka à Telok-Katapang (1), et que de Singapore à Tanah-Merah-Besar. Arrivés à Sabak, nous jetâmes l'ancre au milieu d'une mer extrêmement houleuse. Plusieurs de nos matelots descendirent à terre, et étant allés trouver Tengkou Temana, ils lui annoncèrent que nous étions venus pour remettre une lettre au radja. Tengkou Temana leur répondit : « Attendez d'abord ici ; j'enverrai des gens par terre pour annoncer votre arrivée, et demain nous ferons notre entrée, tandis que je vous accompagnerai sur votre navire. Vers le soir, Baba Ko-An se rendit à Sabak avec

(1) Baie un peu au sud de Malaka

l'équipage, et je restai à bord avec Grandpré. Il faisait déjà nuit que personne n'était encore de retour. La mer était si agitée que l'on eût cru que le navire allait se briser. Nous étions en proie à une mortelle inquiétude. Un double danger en effet nous menaçait : d'abord l'endroit où nous nous trouvions était le passage des pirates qui croisent dans ces parages ; ensuite les vagues étaient tellement furieuses que nous étions sur le point de ne plus être maîtres de notre navire. C'était là que quelque temps avant le brick Katharina, appartenant à Baba-Tyen-Hok, avait été attaqué par des corsaires qui avaient failli s'en emparer. Je fis tirer un coup de canon pour rappeler notre monde ; mais ce fut inutilement : aucun n'accourut. Nous résolûmes alors, au nombre de cinq, de rester sur pied toute la nuit. Vers les deux heures du matin, trois hommes revinrent dans un canot ; mais Baba Ko-An était resté.

Sur le matin nous aperçûmes des gens qui nous faisaient signe de nous diriger vers le port de Kalantan. Ceux des nôtres qui avaient quitté le navire s'y transportèrent par terre en compagnie de Teng-kou Temana. Nous mîmes donc à la voile et nous partîmes. Nous étions près d'arriver, lorsque nous vîmes s'avancer vers nous un canot monté par six ou sept Chinois Haya qui nous crièrent plusieurs fois : « Prenez garde, il y a deux prahou corsaires dans le port. » A ces mots nous fûmes tout alarmés, et nous chargeâmes nos armes et nos canons. Ces préparatifs étaient terminés, lorsque les Chinois montèrent à bord et nous firent remarquer ces deux prahou ; après quoi ils redescendirent dans leur canot. Nous examinâmes attentivement ces navires, et nous vîmes qu'ils étaient garnis d'un *apilan* (1) immense ; le panglima (chef) qui les commandait était debout, un tombak (2) à la main ; ses hommes étaient noirs et d'une forte stature. Ce panglima avait une moustache relevée d'un côté sur l'oreille, et dont l'autre mèche entourait son cou. Cependant nos gens étaient sur le qui-vive ; ils avaient saisi la mèche des canons et n'attendaient plus que l'ordre de faire feu. Mais ces navires ayant hissé leur voile d'avant, partirent dans la direction de l'ouest en nous jetant cette menace : « Si vous n'étiez pas venus chargés d'une mission pour le radja, nous nous serions emparés de vos bricks. » A l'instant même arriva un canot qui descendait la rivière, portant sept ou huit hommes attachés au service du radja et chargés de nous recevoir. En nous abordant, ils nous apprirent que ce prince avait donné l'ordre de nous faire entrer dans le port, pour éviter que peut-être l'on ne vînt nous chercher querelle. Ils ajoutèrent : « Suivez notre prahou dans la direction du chenal. » L'ancien qui commandait ce canot royal, et qui se nommait Intché Ha, nous

(1) C'est une planche placée à l'avant d'un navire ou bateau de corsaire, et sur laquelle on appuie les fusils, pour en diriger la portée.

(2) Pique ou lance malaye.

guidait en nous faisant passer tantôt à droite , tantôt à gauche. Nous entrâmes dans le port avec nos voiles déployées deux par deux , et tous nos focs et clin-focs (1).

Le port de Kalantan n'est pas très-large; des deux côtés il y a du sable accumulé de la hauteur d'une colline. Il est généralement peu profond. Si ce n'était la marée, les grands navires ne pourraient pas y pénétrer. Dans des endroits il y a assez d'eau, d'autres présentent des bas-fonds; l'agitation de la mer s'y fait fortement sentir.

Nous nous rendîmes à terre où nous rencontrâmes Tengkou Temana avec nos gens et Baba Ko-An. Les hommes du radja nous félicitèrent de ne pas en être venus aux mains avec ces corsaires qui étaient armés, disaient-ils, de gros canons. Ce sont , nous assurèrent-ils, des Dayak (2) qui viennent de Basout (3): nous leur avons demandé quels étaient ces navires qui arrivaient et dont les voiles avaient la forme européenne; ils nous ont répondu : « Ce sont des gens

(1) La voile appelée *clin-foc* est plus petite que le foc ordinaire.

(2) Les Dayak, indigènes de Bornéo, et répandus partout dans l'intérieur de cette île immense, ainsi qu'à Célébes. Ils sont divisés en une multitude de tribus , indépendantes l'une de l'autre, mais ayant des usages à peu près les mêmes, et un langage commun au fond, quoique diversifié en autant de dialectes qu'il y a de tribus. Ceux qui habitent les districts ouest et sud de Bornéo, portent le nom de Dayak; dans le nord , ils s'appellent Idaan; dans l'est, Tiroun, ou Tedong.

(3) Rivière de la côte orientale de la Péninsule, formant la limite de séparation entre Trangganou et Kalantan.

du Détroit qui apportent des lettres ; aussi les lais-
serons-nous tranquilles. »

Cependant Tengkou Temana et l'inspecteur royal
se rendirent à bord de notre brick, et remontèrent
avec nous la rivière de Kalantan. Ce fleuve se dé-
ployait à nos yeux dans toute sa largeur, qui est
deux ou trois fois plus considérable que celle des
rivières de Pahang et de Trangganou. Ses eaux con-
servent leur douceur jusqu'à la mer.

Non loin du port, un peu au-dessus de la côte,
s'élève un baley dont les tourelles rappellent les minarets d'une mosquée, et dont la toiture est en planches. C'est là que le vieux radja vient prendre quelques instants de repos et de récréation. Tout auprès
se trouve un kampong où nous fîmes halte un moment. Sur ces entrefaites arriva l'ami Abd-el-Rah-
man de Malaka, fils de Wak-Fathime, frère aîné
de mon ami Kasem Dourian-Tonggal. En me re-
voyant il fut transporté de joie, et m'embrassant
avec effusion, il me dit : « Il faut que tu sois bien
courageux pour avoir fait ce voyage dans un prahou qui n'est pas plus grand que le calice de la fleur
du bananier. N'est-ce pas maintenant la saison des
corsaires Lanon et la mousson des tempêtes? Vraiment tu n'as pas dégénéré de ton origine, car ton
père avait le cœur intrépide comme toi. » Ensuite il
me demanda des nouvelles de sa mère et de son
frère. Je lui appris que sa mère était morte depuis
peu de temps. Il est vrai qu'elle était d'un grand
âge, entre soixante-dix et quatre-vingts ans. Comme

il avait reçu l'ordre du radja de venir prendre auprès
de nous des informations, il se rendit à bord, et re-
monta le fleuve sur notre navire.

L'eau de la rivière de Kalantan est très-limpide
et son sable n'est pas mêlé de vase; elle est très-
poissonneuse. Elle abonde en crevettes et en tortues
d'eau douce. Les poissons qu'elle fournit sont le
djouâra, le pâtin, le toûman, le tâpa, l'arouan, le
batok, le poûyoù, le tarboûl (1), l'ikan-poutih, le
balanak (2), etc. Les tâpa fréquentent le haut de la
rivière, et sont si gros qu'ils pourraient avaler un
buffle. Les crocodiles peuplent aussi ses eaux. Sur
les deux rives se déroulent à la vue des kampong
plantés de cocotiers et de bambous, et des champs
ensemencés de pady (3). Sa largeur est d'environ un
demi-mille anglais. Dans son cours, qui trace de
nombreuses sinuosités, elle reçoit beaucoup de petites rivières et de ruisseaux. On voit sans cesse voguer sur sa surface des prahou qui entrent et qui
sortent chargés de toutes sortes de marchandises, de
volaille, de canards, de fruits. Nous eûmes un
peu de peine à la remonter, à cause de la force de

(1) Ces poissons me sont inconnus.

(2) *Ikan-poutih* veut dire, en malay, *poisson blanc*. Comme
les précédents, il n'a pas été reconnu par nos naturalistes, ou
du moins j'ignore le nom qu'il a reçu dans leurs nomencla-
tures. Quant au balanak, c'est un petit poisson de l'espèce des
mulets.

(3) Le *pady* est le nom malay du riz encore renfermé dans
son enveloppe ainsi que de la plante qui le produit. Le riz mondé
s'appelle *bras*; le riz bouilli, *nasi*.

notre navire, qu'arrêtaient les inégalités du chenal.

Après avoir navigué ainsi pendant une heure et demie, nous parvînmes à un lieu appelé Pangkâlan-Tambang (1), situé sur le bord opposé au *kampong maritime*. En jetant les yeux sur la rive, j'aperçus réunis en une masse compacte plusieurs milliers d'hommes armés. Chacun d'eux avait sur lui six ou sept javelots, un lâding (2), un tchinangkas ou une épée, ainsi qu'un kris passé à sa ceinture; d'autres portaient des mousquets. Cette foule était pressée comme des tas de branches sèches. Dans le nombre il n'y en avait pas un dont la peau fût blanche; un ou deux étaient de couleur brune tirant sur le clair, tous les autres étaient noirs. Ce pangkâlan aboutit à une grève de cinquante brasses de large, couverte d'un sable blanc, et qui s'étend sur une longueur de dix ou douze milles. De là jusqu'au kampong du Radja Bandhara, on compte environ un mille. Parvenus à cet endroit, Tengkou Tamana ordonna aux gens du radja d'aller annoncer à ce prince que le navire envoyé avec une mission pour lui était arrivé. Nous attendîmes environ trois heures leur retour de la résidence royale. Ensuite vint Seyd Abou qui monta à bord. Il habitait le kampong maritime sur l'autre rive du fleuve.

Ce Seyd Abou est originaire de Pontianak (3); il

(1) Littéralement « le quai d'où l'on transporte (des marchandises ou des passagers). »
(2) Sorte de sabre recourbé.
(3) Ville malaye de la côte occidentale de Bornéo, située par

s'était fixé à Trangganou, lorsque le roi de Kalantan, connaissant la vénération dont il était entouré,
l'appela auprès de lui pour en faire son gourou.
Chacun a pour lui le même respect que pour un
souverain. Après nous être donné réciproquement le
salam (salut), il me dit en me prenant pour un seyd :
« Qu'est-ce qu'il y a de nouveau, seigneur seyd, à
Singapore ? As-tu rencontré des corsaires en route ?
Il faut que tu sois bien courageux pour avoir entrepris ce voyage sur une aussi frêle embarcation.
Nos gens ici, quand on les tuerait, ne se résou-
draient pas à y mettre le pied. » Il voulut savoir ensuite quel était le contenu de la lettre dont j'étais
chargé. J'éludai de lui répondre en faisant l'ignorant, et prétextant que je n'avais d'autre mission
que de la porter à sa destination. Il ajouta : « Rendons nous à la cour, afin d'aller la présenter au
radja. » Mais Tengkou Tamana fut d'avis d'attendre
qu'on vînt du palais pour nous mander. Au bout
de quelques instants, les envoyés du radja arrivèrent
au nombre d'environ trois ou quatre cents, ayant
en main des piques ou des épées. Ils voulurent se
charger de la lettre, mais nous refusâmes tous les
trois de la livrer en d'autres mains que celles du
radja lui-même. Aussitôt l'inspecteur étant parti
pour faire connaître notre réponse et notre désir
d'être reçus en audience, il revint avec ce message :
« Sa Majesté a dit qu'elle vous laisse libres de faire

3° lat. S. environ, sur la rivière Lara, et fondée vers la fin du
siècle précédent. Les Hollandais y possèdent une factorerie.

ce que vous jugerez à propos; mais la route qui conduit à son palais est très-périlleuse, les boulets la sillonnent continuellement. » Nous entendions en effet le bruit de la canonnade. Puis il ajouta : « Sa Majesté pense qu'il pourrait vous arriver quelque malheur, et que vous courrez risque d'être tués, ce qui serait pour elle un sujet de bien grands regrets. » Je me rappelai alors que Baba Boun-Tyoung nous avait recommandé de ne pas remettre nos lettres en mains tierces. Tengkou Tamana nous dit à son tour : « Réfléchissez, messieurs, avant de partir, que les boulets ont fait périr beaucoup de monde sur la route que vous allez suivre, qu'il n'y en a pas d'autre, et qu'elle est très-rapprochée de l'ennemi, puisqu'elle passe à dix brasses seulement de ses batteries. » Nous délibérâmes tous les trois, et sur mon avis, il fut décidé que nous tenterions cette excursion. Tandis que nous cheminions, Dieu seul sait à quel point était agité notre cœur qui éprouvait ce que ressentent des gens prêts à descendre dans la tombe. Nous n'avions d'autre pensée présente à l'esprit que celle de la mort. Mais pouvions-nous reculer? n'était-ce pas un point d'honneur pour nous de remplir notre mandat? Cependant la mort s'offrait à nous en face. Les canons et les rantaka (1) ne cessaient de retentir de toutes parts.

____

(1) Petite pièce d'artillerie ordinairement en cuivre, portant environ une demi-livre de balles, et que les naturels du pays fabriquent eux-mêmes. Marsden, *Malayan Dictionary*, v. Rantaka.

Nous étions sur le point d'arriver avec notre escorte, et déjà nous apercevions la porte de l'enceinte du palais du Radja Bandhara, lorsqu'un boulet
passa en sifflant. Les hommes qui étaient à ma droite
se jetèrent le visage contre terre, ceux qui étaient le
plus rapprochés de l'enceinte s'y précipitèrent; les
uns se courbaient, les autres cherchaient un refuge
derrière des troncs de cocotiers; la déroute fut complète. Comme les boulets ne discontinuaient pas de
pleuvoir, je me mis à l'abri derrière un cocotier
en compagnie de Seyd Abou et d'après ses instances.
A l'instant des gens de la résidence royale accoururent pour nous détourner d'avancer plus loin,
donnant pour raison que Sa Majesté s'y opposait et
réclamait seulement nos lettres. Alors Grandpré, à
qui je servais d'interprète malay, en confia deux à
un nommé Intché Ha, l'une pour le Radja Bandhara,
l'autre pour le Radja Toumenggong; mais nous en
gardâmes une que je demandai de déposer moi-même
aux pieds de Sa Majesté. Après quoi nous retournâmes sur nos pas en nous dirigeant vers le navire.
Au bout de quelques instants, les gens qui nous sui-
vaient accoururent à toutes jambes, nous annonçant
qu'un homme venait d'être tué d'un boulet qui l'avait
frappé au cou à la place même où nous avions remis
nos lettres tout à l'heure, ils nous dirent qu'ils avaient
aperçu sur les batteries ennemies des gens regardant
avec une lunette d'approche le groupe qui s'était
formé là, et se le montrant du doigt. Peu de temps
après on vint nous recommander, de la part du

radja, de ne pas laisser nos matelots descendre à terre et se répandre dans le pays au milieu des troubles dont il était agité, parce qu'un grand nombre de mauvais sujets étaient accourus de tous côtés, et dans la crainte que ce contact ne fît naître des rixes et n'occasionnât des meurtres qu'il était impossible pour le moment d'empêcher et de punir légalement. En conséquence je défendis à tout l'équipage de quitter le navire.

Vers les neuf heures du soir arriva un messager de la part du Radja Toumenggong, qui appelait Baba Ko-An. Je voulus savoir pourquoi, mais l'envoyé ne me fit pas d'autre réponse sinon que c'était Baba Ko-An spécialement que son maître désirait voir. Celui-ci partit donc accompagné d'un matelot nommé Intché Andak. Après une absence de trois heures il rentra au navire, et nous apprit que le radja avait voulu savoir des nouvelles de Singapore et s'il était question dans notre lettre d'autre chose que de l'affaire de nos bateaux, et en outre que ce prince désirait obtenir de la poudre et des boulets à Singapore.

Le lendemain on nous apporta deux lettres du Radja Toumenggong, l'une pour M. Bouham, enveloppée d'une étoffe jaune, l'autre pour Baba Boun-Tyoung, renfermée dans une étoffe blanche. Il était environ deux heures après midi, lorsque quatre ou cinq hommes vinrent de la part du radja pour nous mander tous trois à la fois, en nous disant que le Radja Bandhara avait donné l'ordre de venir nous chercher pour nous recevoir, et qu'il avait fait pratiquer un chemin particulier dans l'intérieur du pays. Ils nous engagèrent à bien prendre nos précautions et à ne pas nous grouper plus de quatre ou cinq. Cependant nous trois, Grandpré, Baba Ko-An et moi, escortés de trois de nos matelots, et en compagnie de Tengkou Temana, nous descendîmes à terre, et nous prîmes une autre direction que celle que nous avions suivie précédemment. Nous traversâmes des kampong où l'on voyait courir des enfants : à chaque pas nous apercevions des arbres renversés avec leurs branches fracassées, d'autres coupés ras le sol, et toutes les maisons détruites de fond en comble. Cependant l'artillerie tonnait sans interruption. La route que nous parcourions s'écartait du grand chemin, elle contournait des kampong, des sawah, traversait des enclos et des taillis. Tout à coup les gens de notre escorte se mirent à nous crier : « Prenez garde, nous touchons aux batteries; que chacun marche séparément; » et à l'instant ils s'élancèrent en nous disant d'en faire autant. Nous arrivâmes à une éminence de terre qui servait de retranchement au Radja Bandhara, et qui était gardée par un corps de cinquante ou soixante hommes. Ils avaient avec eux cinq ou six lila(1), et étaient armés de mousquets et de lances.

De là on apercevait en plein les redoutes enne-

(1) Pièce de canon d'un calibre plus petit que ne le comporte sa longueur.

mies qui étaient à dix ou douze brasses de distance seulement. Au-dessus apparaissaient quelques
hommes en repos. Les bouches des canons, des rantaka et des lila, et les queues des lotong (1), se mon-
traient rangées en file au travers des embrasures des
créneaux. Je sortis des pinceaux et du papier de ma
poche, et je me mis à dessiner le coup d'œil qui s'offrait à mes regards. Deux gros canons tiraient sans
relâche, et leurs boulets venaient tomber en droite
ligne sur la maison du Radja Bandhara. En ce moment les gens de notre escorte me firent signe ainsi
qu'à Grandpré de venir les rejoindre. Tengkou Temana me prit par la main, un autre saisit celle de
Grandpré, tandis qu'un troisième en faisait autant
à Baba Ko-An, et ils nous entraînèrent hors de
la direction des redoutes ennemies. Les hommes
qui les défendaient agitaient la mèche de leurs
canons; et s'ils avaient fait feu, j'aurais été infailliblement tué sur le coup. Mais, par le secours
de Dieu, nous gagnâmes enfin le retranchement
du Radja Bandhara. Dans le sable creusé jusqu'à
la hauteur de la ceinture, s'ouvrait une tranchée
remplie d'hommes, qui avaient ainsi le haut du
corps à découvert et exposé aux coups de l'ennemi. Ce retranchement était large d'un peu plus
d'une brasse, et flanqué de chaque côté de terre
et de roseaux; il était gardé par plusieurs milliers

(1) Le mot *lotong*, dans l'usage ordinaire, se dit d'une espèce
de singe; ici il désigne évidemment une sorte de pièce d'artillerie.

d'hommes enrégimentés. Les canons étaient rangés en très-grand nombre, sans compter les autres armes que l'on voyait entassées pêle-mêle. Enfin, précipitant mes pas par un dernier effort, j'arrivai à me mettre à couvert sous le retranchement du Radja Bandhara. Comme j'avais des chaussures aux pieds, je pus me garantir des randjau (1) qui étaient tendus en très-grand nombre tout à l'entour.

Cependant nous parvînmes à la porte de l'enclos du Radja Bandhara, et nous entrâmes dans le halaman (2), où croissait une très-grande quantité de cocotiers. Nous pénétrâmes dans le baleyrong, qui est le lieu où ce prince donne ses audiences. Cet édifice est soutenu tout autour par des colonnes, et ses murs sont en nattes (3); il s'élève en gradins où s'asseyent ceux qui sont admis en la présence du Radja Bandhara. Au milieu est construit un grand baley, au-dessus duquel sont deux ou trois chambres séparées par des cloisons en nattes, et qui a un plancher en bois. Au moment où nous entrions, nous enten-

(1) Pièces de bambou acérées et de différentes longueurs, que l'on plante dans la terre en les dissimulant autant que possible, et qui en blessant les pieds nus, servent à arrêter la marche de l'ennemi.

(2) Cour, avenue ou esplanade qui s'étend devant un palais ou une grande maison.

(3) Dans les maisons des Malays et des Javanais les parties principales et la charpente sont en madriers, et les murs extérieurs ainsi que les cloisons du dedans consistent en nattes épaisses. Ce système de construction est admirablement approprié à un climat chaud. Ces nattes, en tamisant l'air du dehors, entretiennent dans l'intérieur des habitations une agréable fraîcheur.

dîmes que l'on nous criait de hâter le pas pour éviter les boulets qui arrivaient en plein. Il y avait
quatre à cinq cents hommes assis autour du baley
inférieur et tous armés. Des lances, des piques, des
mousquets et des terkoul (1), étaient appuyés par
centaines (2) contre les murs de cet édifice. Il y
avait un char chinois en bambou où l'on fit asseoir
Grandpré et Baba Ko-An. Tengkou Temana et moi
nous prîmes place sur les gradins. Là était assis
un homme remarquable par son embonpoint, et
que je pris pour le radja. Mais Tengkou Temana
m'apprit que c'était un de ses fils. A l'instant même
nous vîmes sortir d'une chambre le Radja Bandhara.
Il avait la figure ronde; il était d'une taille moyenne,
d'une stature ramassée, d'une coloration jaune tirant sur le blanc. Il était vêtu d'une étoffe de Célèbes noire, sans badjou. Pour mouchoir il portait à
la tête un batik (3) rouge. Lorsqu'il fit son entrée,
tout le monde s'inclina pour le saluer; nous trois,
nous lui présentâmes nos hommages et nous nous
assîmes.

(1) Espèce de mousquet.

(2) Expression employée en malay pour indiquer un nombre
considérable et indéterminé, comme nous dirions dans notre
langue *par milliers*.

(3) Mouchoir de coton qui sert de coiffure ou turban aux
Malays. On teint ordinairement les batik de diverses couleurs.
en les plongeant par parties dans différentes teintures. La princi-
pale manufacture de ces mouchoirs est à Batavia. On connaît
aussi dans le commerce, sous le nom de *batik* ou *bati*, une toile
de coton bleue et blanche.

D'abord Grandpré me dit en anglais : « Est-ce que le radja a reçu nos deux lettres hier ? » Alors je m'inclinai et transmis ces paroles au prince. « Oui, répondit-il, et j'en ai remis une au Radja Toumeng-gong. » En même temps il donna l'ordre de lire celle qu'il avait gardée. Après cette lecture, il prit la parole : « Messieurs, dit-il, veuillez être les organes de nos politesses les plus empressées envers M. Bonham. Quant aux bateaux dont il parle, nous ne les retenons pas, nous ne les avons pas pillés, et nous ne lui devons pas un pétis. Il est libre ici d'entrer et de sortir quand il voudra. Les lois qui régissent les marchands qui viennent commercer chez nous sont que, s'ils font crédit à quelqu'un, leur débiteur est bien et dûment engagé vis-à-vis d'eux. Depuis que des troubles sont survenus et que le pays est en révolution, tous les habitants ont reçu l'ordre, chacun de la part de son radja particulier, d'aller défendre les fortifications, et il est très-difficile de rencontrer qui que ce soit. C'est cette circonstance qui a retardé un peu les paye-ments. Prevenez M. Bonham que nous avons pris trois canons sur ces bateaux, persuadés qu'il nous les aurait accordés volontiers si nous les lui avions demandés, et dites-lui que nous avons l'intention de les rendre quand la guerre sera finie. Maintenant, au milieu des sollicitudes qu'elle nous occasionne, il nous est impossible de nous occuper d'aucune affaire; mais assurez M. Bonham que, lorsque la paix sera rétablie, les patrons de ces embar-cations, ainsi que ses envoyés, pourront revenir à

Kalantan. Alors, et autant qu'il dépendra de nous, nous réglerons nos comptes, et pas un pétis ne sera perdu pour lui. Si ses débiteurs sont morts, il sera forcé, il est vrai, de renoncer à ses créances; mais s'ils sont vivants, tout lui sera exactement payé. Maintenant tous les bateaux pêcheurs sont sortis de la rivière et sont partis, et il n'en reste qu'un dans le port qui est sur le point de mettre à la voile. » Je répétai fidèlement en anglais à Grandpré le discours du Radja Bandhara.

Ensuite je me prosternai et lui dis : « Je demande mille fois pardon à Ton Excellence; mais nous avons encore une autre lettre pour le souverain de Kalantan. Accorde-moi la permission de me rendre à sa cour, au Fort-Neuf, pour la lui porter. » Le radja dit : « Je n'approuve pas cette démarche et je ne l'autorise pas, car cette lettre ne lui appartient pas, et ce n'est pas lui qui exerce le pouvoir suprême à Kalantan. D'ailleurs j'ai fait barrer les rivières et intercepter les routes; toutes les populations sont en armes, et l'on ne trouverait pas à se procurer la moindre provision, fût-ce même une feuille de bétel, au prix d'une piastre. Chacun ici ne connaît plus personne, et l'on tire sur quiconque tente de passer. Si vous veniez à éprouver un sort pareil, n'en serais-je pas responsable envers M. Bonham? En supposant même que vous ne reçussiez pas de coup de feu, on vous arrêterait et on vous forcerait à monter la garde aux fortifications. » Puis il réclama cette lettre. Grandpré la lui ayant remise,

il tint conseil avec ceux qui étaient présents ; ensuite
l'ayant ouverte, il la lut à haute voix et dit. « Cette
lettre n'a pas d'autre objet que les autres : à quoi
peut-elle servir maintenant, puisque les bateaux
pêcheurs ont descendu la rivière, ou sont libres de
partir ? »

Cette décision était loin de me satisfaire : aussi
tentai-je de nouvelles instances pour obtenir la permission que je désirais. Aussitôt je vis la figure du
Radja Bandhara se rembrunir, et il m'opposa un refus formel, en se fondant sur ce que le royaume de
Kalantan était en ce moment sous sa juridiction.
Lorsque je vis qu'il se mettait en colère, je consultai Grandpré et Baba Ko-An sur le parti que
nous avions à prendre. Ils furent d'avis que notre
mission était remplie.

Le Radja Bandhara nous raconta ainsi l'origine de
la guerre qui désolait Kalantan. « Il y a quelque
temps, nous dit-il, six ou sept de nos gens se rendirent une nuit au kampong maritime pour voir
danser la *manoura* (1). Il y avait là réunies une
vingtaine de personnes ou peut-être plus ; j'ignore
ce qui se passa, mais une querelle s'engagea, et
dans la mêlée des coups furent portés avec des
armes tranchantes, et un des nôtres perdit la vie.
Un grand désordre s'ensuivit ; tous les habitants du
kampong maritime rentrèrent dans leurs demeures
et barricadèrent leurs enclos. Je ne permis pas que

____

(1) Danse siamoise exécutée par des femmes.

l'on enterrât le mort avant d'avoir fait prendre par quatre ou cinq personnes des informations sur les causes qui avaient amené cet événement. Lorsque mes envoyés se présentèrent, on leur refusa l'entrée du kampong; alors j'ordonnai que l'on allât jeter le cadavre à la porte de sa maison, et que, si cette affaire n'était pas tirée à clair, on le laissât là sans sépulture. Les gens du kampong maritime voyant beaucoup de monde attroupé, s'imaginèrent que l'on venait les attaquer, et braquant leurs canons, firent feu sur nos habitations. Au milieu du tumulte que cette attaque occasionna, nos femmes et nos enfants se précipitaient en pleurs et éperdus; toutes nos maisons furent dévastées par les boulets, et cependant, pour rendre témoignage à la vérité, aucun des agresseurs n'avait été atteint par nous. Lorsque je vis que les choses tournaient ainsi, je commandai de riposter avec l'artillerie. Le Radja Toumenggong et le radja du kampong maritime se rallièrent à moi. Telle est l'origine de cette guerre.

»Je vous dirai encore, messieurs, que lorsque notre père fut sur le point de mourir, il ne désigna pour lui succéder aucun de nous, ses quatre fils. Il nous fit seulement cette recommandation : Combattez l'un contre l'autre, et que celui d'entre vous qui sera vainqueur obtienne la couronne. — Quant à moi, ajouta le Radja Bandhara, ma force et mon courage m'ont valu le titre de radja de Kalantan. Lorsque nous eûmes perdu notre père vénéré, nous nous

accordâmes entre nous, et mes trois frères devin-
rent radja comme moi ; ils me donnèrent le surnom de bandhara. le cadet reçut le titre de toumenggong, et le troisième celui de radja du kampong
maritime; mais moi je repousse ce titre de bandbara (1), car eux ne sont pas souverains. Maintenant chacun de nous a envoyé un message au
roi de Siam, pour lui offrir quantité d'objets précieux; celui des quatre que ce prince choisira,
sera radja souverain de Kalantan. Voilà la position actuelle de mes frères et la mienne. Rappor-
tez, seigneurs seyds, ce récit à M. Bonham. Dans
une lettre que voici, je lui demande avec instance de
la poudre et des boulets. En recevant ces munitions, quel qu'en soit le prix, je ne ferai faute
de le payer intégralement. Nous sommes mainte-

(1) On voit dans de nombreux passages de la relation d'Abd-
Allah que le titre de *radja*, qui est traduit ordinairement par le
mot *roi*, n'implique pas la possession d'un pouvoir indépendant
et souverain, et répond plutôt au titre de prince ou chef feudataire. Le monarque ou chef suzerain est appelé *yang di-pertouar.*
(celui qui gouverne). C'est ainsi qu'à Sumatra, le roi de Me-
nangkabaw, dont la suprématie est reconnue depuis des siècles,
au moins nominalement, par tous les chefs malays de cette île,
et de plusieurs États de la Péninsule, porte exclusivement et
reçoit d'eux le titre de *yang di-pertouan.* — Les quatre fils du
roi de Kalantan s'arrogeaient tous le titre de radja. Mais on
avait imposé à deux d'entre eux le surnom de bandhara, ou ministre de la justice, et de toumenggong, ou préfet de police, ce
qui semblait indiquer qu'ils n'occupaient que le second rang
dans l'État et ne venaient qu'après le roi. Aussi le Radja Bandhara, qui avait des prétentions au trône de Kalantan, a-t il soin
de dire qu'il repousse ce surnom.

nant au dépourvu de munitions, parce que j'étais loin de penser que les choses iraient si loin. Je ne possède plus que deux koyan de poudre à canon, et nous avons retiré de la terre où ils étaient enfouis les boulets que mon père y avait autrefois déposés. »

« J'ai, lui dis-je, une lettre pour le capitaine chinois, puis-je la lui remettre?—Il a été arrêté et renfermé dans les fortifications, me répondit-il, ainsi que tous les enfants et les femmes des Chinois, par crainte de trahison de la part de ce capitaine, et on a mis à son secrétaire une chaîne d'éléphant au cou, parce qu'il voulait s'enfuir. On ne permet à aucun d'eux de communiquer avec qui que ce soit. Comment donc maintenant avoir une entrevue avec lui ? Ce serait s'exposer à la mort que de chercher à le voir. »

Je me prosternai, et lui dis : « Les patrons des bateaux pêcheurs, qui sont venus ici pour commercer, m'ont appris qu'ils sont créanciers d'une somme de deux ou trois mille piastres envers la reine qui est allée à Siam. Tu devrais avoir la bonté de les aider à recouvrer cet argent ; car ces patrons sont prêts à partir avec nous pour le Détroit. » Il me répondit : « Quelque réclamation que l'on ait à faire, il m'est impossible d'en parler à une femme : je ne puis que m'adresser à son mari. Lorsque le pays sera pacifié, je ferai des diligences à ce sujet.» Après cette conversation, on nous servit trois noix fraîches de coco, une pour chacun de nous, et l'on

nous invita à en boire le lait. Ensuite nous prîmes
congé du radja qui , en nous quittant , nous recom-
manda de nouveau ses commissions. En même temps
il me remit sa lettre pour M. Bonham , enveloppée dans une bourse de satin rouge. Je pris cette
lettre en m'inclinant.

Nous nous en retournâmes par le même chemin
que nous étions venus. L'artillerie grondait toujours et l'on voyait tomber beaucoup de monde dans
les deux camps. J'aperçus dans les retranchements
ennemis cinq à six cents hommes, tous ayant
leurs armes dégaînées et brandissant leurs lances.
Mais, grâce à Dieu, nous échappâmes à ce danger.
On nous fit suivre des sentiers détournés, traverser
des kampong, des rizières basses, et quelquefois
des plantations. Tengkou Temana était avec nous,
et partout où nous rencontrions des gens qui allaient
et venaient, aussitôt à son aspect, ils s'asseyaient au
milieu du chemin pour le saluer (1). Nous vîmes venir
à nous huit ou dix hommes qui traînaient sur leur dos
de gros canons pour les porter dans les batteries. A
peine nous eurent-ils aperçus en compagnie du fils
du radja, qu'ils jetèrent leurs fardeaux à terre, et
s'assirent pour lui rendre hommage. Tous les kam-

(1) Je dois rappeler ce que j'ai dit précédemment, que la position qui consiste à s'accroupir sur le sol, les jambes croisées, est
celle du respect et de la politesse chez les Malays comme dans
presque tout l'Orient. Il serait très-malséant de se tenir assis sur
un siége élevé, les jambes pendantes, ou de rester debout, en parlant à un personnage qui a droit à la déférence ou au respect.

pong et jardins que nous traversions étaient environnés d'une haie de roseaux.

J'entrai dans un kampong où croissaient des cocotiers, des dourian et toutes sortes d'arbres fruitiers. Tout en marchant, j'aperçus auprès d'une source une vieille femme dont le dos était voûté par l'âge, et dont les cheveux n'avaient pas plus de quatre doigts de longueur et étaient blancs comme le coton, lorsqu'il a été cardé avec l'instrument appelé *bousor* (1); elle portait une cruche pleine d'eau. Je dis à Tengkou Temana et à Grandpré de m'attendre quelques instants, parce que je désirais causer avec elle et savoir son âge. Elle me répondit : « J'ai déjà vu mourir un cocotier, après quoi j'en ai planté un autre qui est déjà vieux et qui ne donne plus que des fruits rares et très-petits. — « Qu'entends-tu, mère, par ces mots ? lui dis-je. Je ne te comprends pas.» Elle me raconta alors qu'ils avaient la coutume, dans ce pays, de planter un cocotier à la naissance d'un enfant, et que lorsque cet enfant était parvenu à l'adolescence, si on lui demandait son âge, il répondait : ce cocotier m'a vu naître. A ces mots je ne pus m'empêcher de partir d'un éclat de rire. Comme j'insistais pour connaître son âge au juste, elle me dit que lorsque le bisaïeul du roi actuel monta sur le trône et se maria, elle était déjà grande. Je consultai alors Tengkou Temana pour

(1) Sorte d'instrument ayant la forme d'un arc, et dont les Malays se servent pour carder le coton. Le même mot désigne aussi un arc pour lancer des flèches.

savoir à quelle époque cette circonstance remontait. Il m'apprit qu'il n'existait plus personne de cet âge dans tout le royaume de Kalantan, mais qu'il avait entendu affirmer par des vieillards qu'il pouvait bien s'être écoulé depuis lors de cent cinquante à cent soixante ans. Cette vieille me parut haute comme un enfant de douze ans; sa peau était plissée de rides, et elle avait perdu toutes ses dents.

En parcourant les kampong, nous rencontrions, partout où nos pas se dirigeaient, de nombreux troupeaux de buffles, de bœufs et de chèvres; tous ces animaux étaient très-gras. Enfin je rentrai au navire pour fixer le jour de notre départ. Sur ces entrefaites, un homme, appelé Intché Mat, arriva de la part du radja pour nous engager à prolonger notre séjour, parce que ce prince désirait avoir l'occasion de nous offrir un buffle destiné à faire un festin à tout l'équipage. Je lui fis transmettre mes remercîments en le priant de ne se donner aucune peine pour nous. Cet envoyé ajouta que le radja désirait aussi envoyer un mouton à M. Bonham, et insista pour que nous voulussions bien attendre qu'il revînt nous offrir ces présents.

J'allai ensuite visiter le bazar avec Tengkou Temana. C'étaient des femmes qui tenaient les boutiques et qui faisaient le commerce. Ces boutiques sont des échoppes couvertes d'une toiture et disposées circulairement à droite et à gauche. Tengkou Temana me raconta que le bazar occupait autrefois l'endroit où le roi était maintenant in-

vesti, et que sans cela ce lieu serait très-fréquenté et parfaitement approvisionné. Dans le bazar
que nous parcourûmes, on voyait toutes sortes de
houlam-houlam, des salades de légumes, du sam-
bal (1), du riz cuit à l'eau avec du kerry tout préparé (2). Mais la plus grande partie des denrées
exposées en vente consistait en conserves, comme
des pakasam, des tampoyak, des salaisons de poissons, d'huîtres, de karang (3), des djaring, des petey, et une très-grande quantité de salades de caviar,
de poissons, et de tous les coquillages que produit
la mer, mêlés avec de jeunes pousses d'arbres.
Mais je ne vis pas là des vivres de première qualité,
comme la viande, la graisse, les œufs, le beurre et
le lait. Je demandai au fils du radja si l'on ne vendait pas des canards, des poules, des chèvres, des
œufs. Il me répondit que les indigènes ne se sou-
ciaient pas de cette nourriture, que sur cent c'est
tout au plus si l'on en trouverait dix qui voulussent
goûter à la viande, et que si l'on en vendait, personne ne se déciderait à en acheter à cause de sa
cherté. D'après les renseignements qu'il me fournit,
le prix d'un bœuf engraissé et parvenu à sa gros-

(1) Mets qui consiste dans un mélange de verdure, de racines,
de poissons secs, de crevettes, etc.

(2) Sorte d'étuvée, composée de riz, de viande, poisson ou légumes, et assaisonnée de poivre du Chili, de turmeric (safran
des Indes), lait de coco, etc. Cette préparation culinaire est
distinguée du *kouah* ou sauce.

(3) Sorte de coquillages que l'on recueille parmi les bancs de
corail en mer.

seur est de deux à trois piastres ; celui d'une chèvre toute venue, d'une piastre ; celui d'un buffle
femelle capable de porter, de deux piastres à deux
piastres et demie. Quant à la volaille, elle est à
très-bon marché. Le beurre manque à Kalantan,
parce que l'on n'y en fabrique pas ; mais le poisson y
abonde et se donne à très-bas prix. La condition des
pêcheurs, le nombre considérable de gens qui se
consacrent à cette profession, et la forme de leurs
embarcations, rappellent de tout point ce que nous
avons dit sur le même sujet en décrivant le royaume
de Trangganou.

Nous nous fîmes transporter, Grandpré et moi, au
kampong maritime sur l'autre rive du fleuve, et
nous nous dirigeâmes vers l'habitation de Seyd
Abou. A peine nous eut-il aperçus qu'il vint nous
présenter ses politesses et nous inviter à entrer et
a nous asseoir. Nous étions à causer depuis un moment, lorsque ses gens apportèrent quatre ou cinq
melons d'eau que Seyd Abou nous pressa de manger.
Au bout de quelques instants on servit du tapey (1)
liquide dans un plat, et Seyd Abou nous engagea
pareillement à y goûter. Bientôt après nous prîmes
congé de lui afin d'aller nous promener et parcourir
le kampong. En le quittant, il nous dit : « Il serait
convenable, messieurs, que vous allassiez rendre visite au radja du kampong maritime ; c'est un excellent homme, et il désire faire votre connaisance. » En
même temps il envoya son fils pour nous y conduire.

(1) Sorte de confitures

A la porte de l'enclos du radja du kampong maritime, nous vîmes une multitude d'hommes occupés à élever un retranchement. Ils avaient quelques
canons, lila et rantaka qui étaient portés sur des
pieux. Nous entrâmes, et parvenus dans le balaman
(la cour) du baley-rong (1), nous aperçûmes six ou
sept éléphants mâles ou femelles attachés au milieu
de cette cour. Lorsque ces animaux nous virent ap-
procher, effrayés, ils poussèrent de grands cris. Le
cornac accourut tenant à la main un crochet en fer,
avec lequel il les frappa à la tête, et aussitôt ils se tu-
rent. J'eus la curiosité de savoir ce que c'était que
cet instrument, et comment il se faisait qu'ils crai-
gnissent un objet si petit. Le cornac me répondit que
c'était le *fer des neuf districts*. « Qu'entends-tu par
ces paroles?» lui dis-je. Alors il m'expliqua que le fer
dont ce crochet était fait provenait de neuf contrées
différentes, et que lorsqu'ils se rendaient dans un
pays, ils y prenaient un peu de fer, jusqu'à ce que le
nombre des neuf pays fût complet; et qu'ensuite,
mêlant le tout, ils en fabriquaient un crochet pareil à celui qu'il me montrait. Je lui demandai encore pourquoi ces animaux avaient poussé de si
grands cris; il me répondit que c'était parce qu'ils
avaient aperçu des personnes auxquelles ils n'étaient
pas habitués.

En entrant, on nous engagea à monter au baley-
rong. Après nous être assis, on alla annoncer notre

<hr>

(1) Le *Baley-rong* est une salle ou grand pavillon, où le radja,
assis sur une sorte de galerie en forme de balcon, donne ses au-

arrivée au radja, dans l'intérieur de ses apparte-
ments, et l'on nous servit le bétel dans un plateau de Palembang(1). « Commencez, messieurs, par
le bétel, nous dit-on ; tout à l'heure on vous ser-
vira d'autres aliments. » Le gradin inférieur du baley-rong était occupé par une foule de personnes
assises. Au bout de quelques instants le radja fit
son entrée, le sourire sur les lèvres, et d'un pas mesuré. J'examinai sa personne. Il me parut petit : sa
peau était d'un brun tirant sur le clair, sa stature
trapue, sa figure ronde, son nez proéminent ; il
avait quelques marques de petite vérole sur les
joues. Ses dents étaient bien rangées et d'un noir
brillant (2). Sa voix était enrouée. Il portait une
culotte de soie et un badjou de satin à fleurs. Il

diences et rend la justice en public. Le baley-rong est situé entre
le palais intérieur et le *Meydan*, ou grande place destinée aux
exercices militaires, aux jeux et aux divertissements exécutés
par ordre du souverain.

(1) Ville assez considérable située sur une grande rivière du
même nom, laquelle a son embouchure sur la côte sud-est de
Sumatra. C'était autrefois un marché pour l'étain que produit
l'île de Bangka. Le district environnant porte aussi le nom de
Palembang.

(2) Un des soins de toilette les plus élégants pour les malays, est de se noircir les dents. Ils emploient pour cela le
badia, préparation métallique, dans laquelle il entre peut-être
de l'antimoine. A Sumatra, ils se servent d'une huile empyreu-
matique. Ils commencent d'abord par limer leurs dents, opéra-
tion qu'ils appellent *dabong*, ensuite ils les frottent avec des
pierres de différents grains, les uns plus doux que les autres,
pour en faire disparaitre les aspérités que la limure peut y avoir
laissées, et en polir les extrémités et la surface.

était coiffé d'un mouchoir ou batik rouge. Sa chevelure laissait échapper une senteur parfumée. Un kris était passé à sa ceinture. Son âge annonçait la trentaine, ou peut-être moins. Nous nous levâmes tous pour lui rendre nos respects. Il vint s'asseoir dans un coin du baley, et toutes les personnes qui étaient placées au-dessous, sur les gradins, s'inclinèrent. Il nous adressa la parole d'abord pour nous engager à prendre le bétel. Nous acceptâmes cette politesse et nous y répondîmes par un salut; puis il nous adressa ces questions : « Quelles nouvelles y a-t-il à Singapore? Combien de jours avez-vous été en route? Avez-vous rencontré des pirates en mer? Que contient la lettre que vous avez apportée? » Je traduisais toutes ces paroles en anglais à Grandpré. Ensuite on servit deux noix de coco, l'une pour Grandpré, l'autre pour moi, avec un verre à boire. Lorsque je vis apporter ce verre, je ne pus m'empêcher de sourire, car Dieu sait le temps depuis lequel il n'avait été rincé. On n'apercevait même plus la matière dont il était fait, parce qu'il était aussi peu transparent que la coque d'une noix. Après avoir bu : « Seigneur, lui dis-je, est-ce que tu ne prends aucune part à la guerre actuelle? — Je ne m'en mêle pas le moins du monde, me répondit-il, je ne penche ni d'un côté ni de l'autre, et je me tiens dans un juste milieu. — S'il en est ainsi, Seigneur, répliquai-je, pourquoi tant d'hommes travaillent-ils à élever un retranchement? Pourquoi ces nombreux canons? » Il me répondit : « Il faut bien veiller à la défense de notre kampong, afin que si par cas on venait nous attaquer, nous pussions repousser l'ennemi.

Les tourelles du baley-rong où nous fûmes reçus, imitent par leur forme les minarets d'une mosquée. Il est soutenu par seize colonnes ciselées, et recouvert d'une toiture en bois de palmier nypah. Autour il n'y a pas de murailles. Trois gradins s'élèvent pour servir de siége aux personnes admises à l'audience du radja. Cet édifice est quadrangulaire et a trente pieds de largeur. L'enceinte du kampong est formée de roseaux. Je vis dans le balaman de ce baley une plantation de maïs dont les régimes étaient très-serrés et très-gros.

Après avoir passé là une heure environ, je pris congé du prince pour m'en retourner au navire. En sortant de sa résidence je me mis à parcourir le kampong et le bazar. Une foule considérable s'était attroupée et se pressait sur mes pas. Tout en marchant je rédigeais mes observations. C'était un sujet d'étonnement pour ces gens-là de me voir écrire sans m'arrêter. Je les entendais murmurer ces paroles : « Qu'il est habile cet homme venu des contrées de l'Est ! il sait la langue des Européens, et de plus il peut écrire debout et en marchant. »

Je rencontrai un jeune homme brun clair de coloration, à la chevelure longue, n'ayant pas de badjou et portant une écharpe qui lui descendait jusqu'aux genoux ; un kris était passé à sa ceinture. Le fils de Seyd Abou m'apprit que c'était un personnage des plus distingués, le frère puîné du radja auquel nous venions de rendre visite. Ce jeune prince voulut s'adjoindre à nous dans nos excursions, et partout où nous rencontrions du monde, chacun s'asseyait au milieu du chemin pour le saluer. Je lui dis: « Tengkou, sais-tu lire et écrire? » Il me répondit que non, mais qu'il avait été enchanté de me voir si habile calligraphe. « Si tu restais ici, ajouta-t-il, ce serait avec un grand plaisir que je recevrais tes leçons. — Mais est-ce que tu n'as personne capable de t'enseigner? lui dis-je. — On ne trouverait pas quatre personnes, reprit-il, dans tout le pays qui sachent écrire comme toi, et à peine si quelques-uns sont en état de lire l'Alcoran. » Je le questionnai sur le chiffre de la population de Kalantan. Il m'apprit que dans la partie du pays où nous nous trouvions, c'est-à-dire vers le bas de la rivière, on comptait soixante mille âmes, mais qu'en remontant vers le haut, à une distance de quinze à vingt jours de marche, il y avait une population beaucoup plus considérable, agglomérée sur ce point. Je sus aussi de lui que la source de la rivière de Kalantan est voisine de celle de Trangganou.

Ce prince montrait beaucoup de goût pour moi. Il ne cessait d'insister pour que je passasse quelque temps à Kalantan: « Il y a, me disait-il, un grand nombre de radja désireux d'apprendre à lire et à écrire. Ensuite je te donnerai un navire, et je te ferai conduire jusqu'au Détroit. Tu pourras gagner ici beaucoup d'argent. » Je lui fis comprendre qu'envoyé à Kalantan pour affaires, il m'était impossible d'y rester au delà des exigences de ma mission ; qu'un jour nous pourrions nous revoir, si c'était la volonté de Dieu , et que je reviendrais à une autre époque. Je voulus alors me retirer : ce prince, le fils de Seyd Abou et Seyd Abou lui-même vinrent m'accompagner jusqu'au rivage. Là je montai dans une embarcation , et les rameurs ayant mis leurs pagayes en mouvement, me rame-nèrent au navire.

J'y trouvai un des hommes du Radja Bandhara , le nommé Intché Ha , dont j'ai déjà parlé. Je lui de-mandai de me procurer l'ouvrage intitulé *Komala-Bahreïn* (l'escarboucle des deux mers.) Il me dit : « Seigneur, j'ai chez moi un paquet de papiers écrits en malay, que je conserve et qui appartiennent à mon frère. Je pense que dans le nombre se trouvent des livres , et peut-être y a-t-il ce que tu cherches. Je les apporterai ici et tu les examineras.—Permets-moi , lui dis-je , d'aller avec toi jusqu'à ta maison pour voir ces papiers, car nous devons partir dans très-peu de temps. » Mais il insista pour aller les chercher lui-même, et il partit sur-le-champ. Il re-vint bientôt après apportant un panier recouvert d'une étoffe. Je l'ouvris et j'y trouvai des traités sur les doctrines de la religion musulmane et sur la prière. Il y avait deux chapitres de l'Histoire d'Isma-Dewa - Pakerma-Radja (1). C'est un ouvrage écrit d'un style élégant, dans un malay pur, et sans mé-

(1) En sanskrit, *Ichma Déva Vikrama Rádja*, le Dieu de l'a-mour, roi vaillant.

lange de mots arabes. Cette histoire se rattache aux légendes des Dewa, des Mambang, des Indra et des Djin (1), et le sujet en est parfaitement traité. Il y avait aussi le livre intitulé *Khodjeh Meymoun* (2), qu'il consentit à me prêter. Je m'engageai, après en avoir fait une copie, à le lui renvoyer avec un cadeau. Il fut convenu que je le remettrais à Intché Bountal qui le lui rapporterait. Pour lui témoigner dès ce moment ma reconnaissance, je crus devoir lui offrir un mouchoir fin de Palekat (3) d'une valeur de quatre roupies

Tengkou Temana, que je trouvai aussi à bord, me prévint que des gens du Radja Bandhara étaient venus tout à l'heure pour nous prier de sa part de

(1) Les Dewa sont les divinités de la mythologie indienne, qui habitent le ciel appelé Sourga (Swarga) ou la région d'Indra. Les Mambang, créations particulières de l'imagination des Malays, occupent la région des nuages, et sont inférieurs aux Dewa. Les Indra forment une classe d'êtres surnaturels, auxquels ces peuples ont attribué le nom particulier d'Indra, dieu de la mythologie indienne, et des fonctions qui sont encore très-obscurément définies pour nous. Les Djin, ou génies appartiennent aux doctrines de l'islamisme. Les Malays associent dans leurs romans en prose ou en vers, par un syncrétisme religieux dont les détails et les traits principaux même nous sont jusqu'à présent fort peu connus, ces êtres surnaturels de provenances si diverses, et qui se rattachent aux croyances qu'ils ont successivement professées.

(2) C'est la version d'un ouvrage de la littérature persane, intitulé *Thouthy nameh*, qui a été traduit en anglais, et de cette dernière langue en français sous le titre de *Contes d'un perroquet*.

(3) Paliacate, ville du Karnatik, sur la côte de Coromandel, au nord de Madras.

différer notre départ jusqu'au lendemain, parce qu'il voulait se procurer une chèvre pour l'envoyer à M. Bonham. « Mais, Tengkou, lui dis-je, c'est impossible. — Comment faire, alors ? me répondit-il ; nous ne pouvons transgresser les ordres du radja. Restez encore aujourd'hui : nous irons visiter ensemble les kampong et courir le pays. » Alors Grandpré, Tengkou Temana et moi, avec trois ou quatre de nos matelots, nous descendîmes à terre, armés chacun d'un mousquet. Un homme attaché au service de ce prince nous précédait, et toutes les fois qu'il rencontrait du monde, il criait : Voici le radja. Chacun aussitôt s'asseyait au milieu du chemin et s'inclinait. Ces gens-là me firent l'effet d'être enchantés de leur sort, quoiqu'ils eussent tous la tête pelée, qu'ils fussent sans badjou, et qu'au lieu de batik ils eussent enroulé autour de leur tête des rotins ou une corde. Chacun d'eux avait au moins six ou sept javelots, un kris, un tchinangkas, ou un coutelas, une épée, ou bien un kris long, qu'il tenait dégaînés ; d'autres portaient des mousquets. C'est dans cet attirail que ces populations parcourent le pays sans avoir d'autre occupation.

Nous rencontrâmes sur nos pas une foule de gens qui s'avançaient à la file l'un de l'autre. Chacun portait une cruche, et une provision de tout ce qui est nécessaire à la vie, comme s'ils eussent été sur le point de s'embarquer. Leur habitude est de marcher, dans les chemins, l'un à la suite de l'au- tre, et jamais en rangs de quatre ou cinq de

front (1). Comme je leur demandais où ils se rendaient, ils me répondirent qu'ils allaient monter
la garde aux retranchements du radja, et que les
vivres qu'ils portaient étaient destinés à leur nourriture journalière. « Mais, ajoutai-je, est-ce que
le radja ne vous en fournit pas? » Alors ils me mon-
trèrent d'un signe le fils de ce prince, pour me faire
comprendre qu'ils n'osaient s'expliquer devant lui.
Aussitôt je priai Tengkou Temana d'avancer, sous
prétexte que je désirais m'arrêter un instant. Dès
qu'il se fut éloigné, ils me dirent : « C'est là, seigneur, une coutume malaye bien tyrannique, que
celle qui nous contraint d'apporter nous-mêmes nos
provisions, tandis que nos enfants et nos femmes
restent à la maison sans avoir quelquefois de quoi
manger. C'est ainsi que pendant des mois entiers,
chaque jour, nous sommes employés au service du
radja, et si nous y manquions, il ferait piller notre
maison, enlever tout ce que nous possédons, et si
nous opposions de la résistance, il ordonnerait de
nous tuer, et en outre de confisquer nos biens.
Combien nous serions enchantés si les Européens
venaient s'emparer du pays ! Nous jouirions de la
tranquillité. Maintenant lors même que nous ne serions pas en guerre, notre sort ne serait pas plus
heureux : le radja n'a aucun souci de nous, et tout
autre en aurait-il davantage? Certainement non ;
de tout temps les choses se sont passées de la même

(1) Cette manière de marcher à la file l'un de l'autre est générale chez les peuples de race malaye.

manière. » Je leur demandai au bout de combien de jours ils s'en retournaient. Ils m'apprirent que ce n'était que lorsque leurs provisions étaient épuisés ; qu'alors ils revenaient chez eux en chercher d'autres, et qu'ils pensaient qu'un service aussi pénible durerait tout le temps de la guerre ; ils me dirent que beaucoup d'hommes avaient succombé des deux côtés, laissant leur famille dans l'abandon, et sans espérance d'aucun secours de la part du radja, aussi indifférent à leur mort qu'à celle de fourmis que son pied écraserait.

Je continuai ma promenade en passant d'un kampong à l'autre. Ce n'étaient que cocotiers, bananiers et autres arbres fruitiers, tels que dourian, ramboutan (1), rambey et langsad (2). On voyait partout des bananes accumulées par tas. Tous ces kampong étaient pleins de broussailles et d'herbes parasites qui croissaient jusqu'au pied des escaliers des maisons. Ces édifices étaient à toiture et me parurent d'une construction peu régulière. Ils étaient obstrués

(1) Le ramboutan (*Nephelium lapaceum* , Crawfurd, *Nephelium echinatum* , Mem. Soc. de Batavia) est un fruit de la grosseur d'un œuf de pigeon, recouvert d'une écorce rouge, mince et épineuse, et qui renferme un gros noyau enveloppé d'une petite quantité de pulpe d'un goût aigrelet et à demi transparente, qui forme la partie du fruit bonne à manger.

(2) Le rambey et le langsad sont deux fruits de forme oblongue, gros comme des œufs de pigeon, recouverts d'une peau d'un blanc sale, et renfermant un certain nombre de gousses qui se détachent facilement l'une de l'autre. Ces gousses consistent en une pulpe épaisse, à demi transparente, d'un goût aigrelet assez agréable, et qui enveloppe un gros noyau de couleur verdâtre.

par-dessous d'ordures et de boue. J'en visitai un grand nombre, afin d'en connaître la disposition intérieure; j'examinai les lits, les meubles, et j'assistai au repas des habitants. Partout régnaient le désordre et la malpropreté; de chaque coin s'exhalaient des émanations infectes.

Les plantations et les sawah de ces kampong offrent un aspect admirable. Les arbres se couronnent d'un feuillage luxuriant. On me dit qu'un gantang de semence de riz de sawah, peut, année commune, rendre au centuple et quelquefois jusqu'à cent cinquante. Toutes les espèces de fruits qui viennent à Malaka et à Singapore croissent dans ce pays. Mais il y en a un qui lui est particulier et que l'on nomme *piouh*. Pour la forme et la grosseur il ressemble au myrobolan, et ses feuilles rappellent celles du sentoul (1). Les graines qu'il renferme sont triangulaires et dures comme du fer. Il est d'une odeur agréable et sa pulpe a le goût de la farine du sagoutier. Elle est d'une saveur extrêmement douce : on la mange en l'accompagnant d'une émulsion de noix de coco, comme on fait pour le dourian. Grandpré et moi nous demandâmes au propriétaire d'un kampong une branche de cet arbre, chargée de fruits. Il nous en donna quatre à cinq que nous emportâmes au navire.

Dans le royaume de Kalantan, le sol s'étend en

____

(1) Nom d'une sorte d'arbre à fruit, désigné par Marsden sous le nom de *Trichilia*, dans ses notes manuscrites.

vastes plaines ; il y a peu de vallées ; il est d'une nature argileuse et mêlé de sable.

Lorsque nous arrivions dans un kampong, le propriétaire s'empressait de nous offrir à profusion des noix de coco fraîches, en nous pressant de les manger. D'autres nous donnaient des cannes à sucre, des bananes et de tout ce qu'ils récoltaient. Dans les plaines et les rizières basses que nous traversions, paissaient des troupeaux de bœufs, de buffles, de chèvres et de brebis que nous apercevions tout le long de notre chemin.

Nous rencontrâmes un homme qui vendait du jasmin d'Arabie attaché par gros bouquets ; il en donnait un ou deux gantang pour le prix de deux ou trois pétis. Sur le soir, nous vîmes des troupes de femmes descendre de l'intérieur du pays et se rendre au bazar, chacune chargée d'un panier qui contenait diverses denrées, des légumes, des bananes, des cannes à sucre, et toutes les variétés possibles de houlam-houlam, etc.

Ce qui m'étonnait beaucoup, c'était de voir que la coloration de la peau chez les deux sexes est la même. Elle tient le milieu entre le blanc et le noir. Aucun d'eux ne porte de souliers, pas plus les femmes que les hommes, ou le radja lui-même.

Les habitants de ce royaume ont toujours été autochthones. Leurs souverains sont de race malaye pure ; leur sang ne s'est jamais mêlé avec le sang arabe.

L'idiome de Kalantan est le malay, mais la prononciation en est extrêmement corrompue : elle se rapproche de celle des Indous, lorsqu'ils parlent notre langue

Ces peuples disent *aloh* pour *allah* (Dieu), *sangah* pour *sangat* (beaucoup), *boulang* pour *boulan* (lune), *makang* pour *makan* (manger), *mignok* pour *mignak* (huile), *touang* pour *touan* (seigneur, maître), *tché* pour *intché* (monsieur ou madame). C'est ainsi qu'ils altèrent la prononciation de tous les mots. Mais pour l'écriture, ils se servent des mêmes caractères que nous.

Les marchandises que l'on exporte de Kalantan sont l'or, le café, un peu de riz, des étoffes de soie et des salouar. Toutes ces étoffes sont tissées dans le pays. Néanmoins la soie n'en est pas originaire ; elle y est apportée par les navires anglais ou les wangkang chinois. Les marchandises étrangères qui pourraient y avoir cours, sont tous les objets d'Europe, de Coromandel ou de Chine : le débit cependant ne peut en être prompt ni considérable, par la raison qu'il n'y a pas de gros marchands. On sait partout que les riches commerçants ou propriétaires ne sont pas en sûreté dans les États malays, à cause des avanies et des injustices sans fin dont on les accable. Voilà le motif de la pauvreté et de la ruine auxquelles ces États sont réduits.

Cependant nous retournâmes à bord. Des gens du radja avaient amené deux chèvres, l'une grosse, destinée à M. Bonham, et l'autre petite qui nous était offerte pour notre consommation. Aussitôt l'équipage se mit en devoir d'appareiller, chacun ayant hâte de partir. Mais le riz , les légumes, le poisson , le bétel , les noix d'arec nous manquaient , et pour acheter ces provisions nous n'avions pas un duite. Ayant voulu faire un emprunt aux patrons des bateaux pêcheurs , ils nous objectèrent qu'ils étaient aussi au dépourvu que nous. Alors nous nous adressâmes à nos matelots , qui se rendirent à terre pour se procurer tout ce qui nous était nécessaire. Bientôt après on vint nous apporter de la part de Seyd Abou un régime de bananes , onze volailles et un mouton. De mon côté je lui fis présent d'une fiole d'huile parfumée, et Grandpré de douze tasses et d'une petite boussole. Intché Mat nous donna une chèvre, en retour de laquelle je lui fis accepter un mouchoir. J'offris aussi à Tengkou Temana un batik de Sourabaya (1) pour ceinture, valant trois piastres, et une paire de rasoirs.

Je vis à Kalantan un très-grand nombre de femmes de bonne volonté. Lorsque le soir arrive, elles viennent se promener près des navires étrangers , en marchant à la file l'une de l'autre. Leurs vêtements ne montent que jusqu'aux aisselles, et elles ne portent pas de badjou. Leurs cheveux sont frisés en boucles qui s'enroulent et s'entremêlent avec des

---

(1) L'une des provinces ou résidences de Java, située dans la partie N.-E. de cette île. Elle a pour limites au N., la mer de Java, a l'E. le détroit de Madura, au S. les résidence de Pasarouvang et Kediri, a l'O. celles de Rembang et Kediri. La population du district de Sourabaya est évaluée à 250,000 âmes.

fleurs de jasmin d'Arabie, tressées en guirlandes, retombant jusqu'aux genoux. Elles arrangent ces fleurs d'une infinité de manières différentes, en zigzags ou bien comme une marqueterie d'un goût exquis. Jamais je n'avais vu à Malaka ou à Singapore d'aussi jolies coiffures. Certains hommes font l'office d'entremetteurs, et se rendent dans les navires pour y offrir leurs services. C'est un usage reçu dans le pays et qui ne rend pas infâmes ceux qui le pratiquent. On compte une infinité de gens qui passent leur vie à faire jouter des coqs, à jouer à des jeux de hasard, ou à fumer l'opium. Sur cent on en trouverait deux à peine qui accomplissent leurs devoirs religieux, comme la prière et les autres obligations que Dieu a prescrites.

J'étais assis sur le pont, lorsque arriva un seigneur Hadji (1). C'était un homme de Trangganou qui avait pour surnom honorifique le titre de Panglima Besar (grand commandant). Il vint nous offrir ses bons offices. « Seigneur, me dit-il, sais-tu comment se fait la poudre à canon? le Radja Bandhara m'a chargé de m'en informer. » Je lui répondis que je l'ignorais, mais que j'avais chez moi un livre où étaient décrits les procédés employés pour fabriquer la poudre à canon, la poudre à mousquet et la poudre d'amorce, pour dorer et damasquiner les kris, et pour cristalliser le sucre ; mais que ce volume était resté à Malaka. Il me dit qu'il avait essayé lui-même de

(1) Hadji, *pèlerin*, titre que l'on donne à un musulman qui a fait le pèlerinage de la Mecque.

fabriquer de la poudre à canon, sans qu'elle eût réussi. Il ajouta: « Ce qui nous préoccupe le plus vivement le radja et moi, c'est d'imaginer un moyen pour saper ou pour abattre les retranchements de l'ennemi, car il serait bien à désirer d'arrêter le feu qu'il dirige contre nous, et de l'empêcher d'apercevoir du haut de ses fortifications tout ce qui se passe de ce côté-ci. « Eh quoi! lui dis-je, ce n'est pas une guerre sérieuse que la vôtre, ce n'est qu'un jeu, et une occasion de tourmenter les malheureuses populations du royaume et les étrangers qui vivent parmi elles. Si c'étaient des Européens, en un jour l'affaire serait terminée. Est-ce que des gens qui se battent doivent redouter la mort? Creuser ainsi des tranchées, s'y blottir dedans, faire feu quatre ou cinq fois par jour, ensuite se tenir tranquilles de part et d'autre, passer son temps à boire et à manger, de nouveau recommencer à tirer, c'est vouloir qu'au bout de dix ans les choses soient au même point que le premier jour. Quand vous auriez dix koyan de poudre, ils ne suffiraient pas. Pourquoi ne pas sortir avec des canons et des fusils, et se placer en face les uns des autres? Vous sauriez bien vite à qui doit rester la victoire. Il me répondit: « Il y a quelque temps, des gens du parti opposé vinrent nous défier au combat en rase campagne; les nôtres s'y refusèrent. Plus tard, le Radja Bandhara écrivit plusieurs lettres pour provoquer l'ennemi, mais ce défi ne fut pas accepté. Aussi aucun engagement n'a eu lieu jusqu'à présent. Le Radja

Bandhara donne pour raison qu'il ne veut pas exterminer ses sujets, quoique révoltés ; que s'il faisait la guerre de cette manière, il en périrait un trop grand nombre ; qu'il préfère les assiéger dans leurs retranchements et les prendre par la famine ; qu'ils tiendront pendant quelque temps, mais qu'enfin ils seront forcés de se rendre. Maintenant, ajouta-t-il, on ne trouverait pas dans le camp ennemi à acheter une feuille de bétel , ou un poisson au prix d'une piastre. Ils sont réduits à se nourrir de riz *Timboul*, mot qui désigne les grains de riz qui restent dans des gerbes battues depuis longtemps. Chaque nuit il y en a qui s'échappent : il en est venu une fois de dix à quinze trouver le Radja Bandhara qui ne leur a pas seulement adressé un reproche. » « Combien, seigneur, penses-tu qu'il y ait eu d'hommes tués, lui dis-je, depuis le commencement de la guerre ? —Cinq ou six cents environ , me répondit-il, sans compter les Chinois. Du reste les trois radja coalisés possèdent de grandes richesses, et ils ont des milliers d'hommes sous leurs ordres. »

Je lui demandai : « Quel est celui que la majorité souhaite pour souverain ?» Il me répondit : « Tous, sans exception , désirent le Radja Bandhara; mais rien ne sera décidé à cet égard que lorsque la députation envoyée auprès du roi de Siam sera revenue. La couronne de Kalantan appartiendra à celui que ce prince aura désigné. Les ambassadeurs de nos quatre radja sont allés lui offrir cinquante à soixante mille piastres et beaucoup d'or. Maintenant, Seigneur, apprends-moi comment nous pourrions parvenir à renverser les retranchements ennemis ? — J'ai, lui dis-je, un moyen infaillible pour les détruire avec tous les hommes qu'ils contiennent. » Il insista de nouveau et plus vivement que jamais pour que je le lui fisse connaître. « A quelle distance, lui dis-je, sont placés ces retranchements ? — A dix ou douze brasses, me répondit-il. — Eh bien, ajoutai-je, rien de plus aisé. Pratiquez sous terre, à partir de vos fortifications, un chemin en le faisant aboutir en droite ligne au poste que les ennemis occupent. Déposez là quatre à cinq barils de poudre, percez-les, adaptez-y autant de mèches en les réunissant ensemble ; ensuite serrez ces barrils avec de la terre en ayant soin de faire sortir vos mèches. Cela fait, au moment où ils prendront leurs repas en commun, ou bien se trouveront rassemblés, mettez le feu, et aussitôt ils sauteront en l'air. Tu sais combien le fort du Malaka était solidement bâti, combien ses murs étaient larges ; ses pierres avaient la dureté du fer, chacune avait une coudée d'épaisseur. Le moyen que je t'indique fut employé par le major Farquhar. Ce fort fut détruit de fond en comble en un clin d'œil en ma présence. Si un procédé aussi expéditif n'eût pas été mis en usage et qu'on eût voulu le démolir pierre à pierre, on n'en serait pas encore venu à bout maintenant »

Lorsqu'il eut entendu ces paroles, il fut ravi de joie. « Je cours, me dit-il, en faire part au radja. » Après qu'il fut parti, ceux des nôtres qui étaient allés acheter des provisions au bazar rentrèrent, et nous appareillâmes. Un moment après le seigneur Hadji fut de retour et me dit : « J'ai rapporté notre conversation au radja, qui trouve ton moyen très-ingénieux, mais qui ne peut se résoudre à y recourir ; car, prétend-il, un grand nombre de ses sujets qui sont parmi les ennemis périraient : si c'était leur radja seul, passe. Le seigneur Hadji ajouta : tu connais l'état des choses ; comment mettre fin à cette guerre par des moyens aussi violents ? Dans les deux camps opposés sont des compatriotes : les femmes sont quelquefois d'un côté, et les maris de l'autre ; les pères et les fils, ainsi que les frères, sont également partagés. En se regardant en face auraient-ils le cœur de se donner la mort les uns aux autres ? La crainte seule de leur radja les force à prendre part à ces combats. »

« Eh bien, s'il en est ainsi, lui dis-je, qu'un des radja seul, aille provoquer son rival, et que tous les deux vident leur querelle à l'aide du fusil ou du kris. On saura tout de suite à quoi s'en tenir, sans perdre ainsi tant de poudre et de boulets, et occasionner des dépenses inutiles. — C'est vrai, seigneur, me répondit-il, car depuis le commencement de la guerre, il y a eu bien des koyan de riz et trois caisses d'opium, consommés par les Panglima (officiers) et les Houloubalang (1) auxquels le radja les a distribués, sans aucun profit pour lui. Tes raisons, ajouta-t-il, me paraissent convaincantes, et une

______

(1) Les guerriers d'élite, soldats de la garde royale.

somme de mille piastres n'en payerait pas la valeur. Mais, quel parti prendre maintenant ? Faut-il faire marcher frère contre frère ?

Cet entretien finit là, et nous nous séparâmes en nous touchant la main. Aussitôt nous fîmes avancer nos deux navires à force de rames, et nous saluâmes par quatre coups de canon. Tengkou Temana était avec nous à bord. C'était le moment de la marée descendante. Nos navires heurtaient d'un côté et d'autre. Par surcroît de malheur, nous eûmes cette nuit un ouragan accompagné de torrents de pluie ; et nous fûmes forcés de jeter l'ancre, en aval de la rivière, afin d'attendre le jour.

Sur le matin nous continuâmes à descendre jusqu'à l'embouchure. Nous nous débarrassâmes de tout ce qui surchargeait les navires. On lava ce qu'il y avait de sale à bord. Les patrons des bateaux pêcheurs nous invitèrent à faire route avec eux, en nous engageant à les attendre jusqu'au lendemain matin, ou au plus tard jusqu'au lendemain soir. Baba Ko-An désirait se joindre à eux ; mais nous ne voulûmes pas consentir à ce qu'il se séparât de nous, dans la crainte qu'il n'éprouvât quelque accident. Qu'aurions-nous répondu en arrivant à Singapore ?

Nous n'avions pas de riz pour notre route, ni d'argent pour en acheter, et nous étions dans un extrême embarras lorsque Tengkou Temana nous proposa de nous arrêter chez lui, à Sabak, et offrit de nous fournir le riz et toutes les provisions qui nous manquaient. Nous convînmes avec les patrons que nous les attendrions à Sabak, et que là serait le rendez-vous du départ.

Après avoir pris ces arrangements nous sortîmes du port de Kalantan, en nous dirigeant vers le kampong de Sabak. Il y a une heure de navigation entre ces deux points. Arrivés à Sabak nous aperçûmes ce kampong qui s'étend tout le long de la mer. Il se compose d'une centaine de maisons qui s'élèvent au milieu d'une forêt de cocotiers. L'équipage descendit à terre pour aller chercher des provisions, tandis que nous visitions le pays, Grandpré et moi. accompagnés de Tengkou Temana.

Tous les habitants accoururent aussitôt pour nous contempler. Leur condition me parut misérable. Leurs badjou étaient en guenilles. La plupart d'entre eux avaient la tête nue et sans cheveux. Ils gagnent leur vie à la pêche et en faisant venir du riz. Leurs demeures sont des cabanes à toiture, avec des murailles protégées aussi par une couverture. Le plancher en est raboteux et le toit tout percé à jour. Ces habitations exhalent une odeur insupportable produite par les exhalaisons infectes des poissons gâtés, de la boue et des ordures accumulées tout autour. Les habitants étalent la même saleté sur leurs personnes. Tengkou Temana m'apprit que ce kampong se compose de six à sept cents âmes, placées sous sa juridiction par le radja de Kalantan.

Je parcourus le pays avec Grandpré et Tengkou

Temana, escortés par quatre ou cinq de nos matelots. Nous nous arrêtions sur les limites des
sawah qui se déployaient devant nous, vastes comme
une mer. Ils étaient parfaitement cultivés; on n'y
voyait traîner aucune branche ou tronc d'arbre.
Nous rencontrâmes chemin faisant un grand nombre
de kampong, remplis de cocotiers, de bananiers et
d'arbres à fruits de toute espèce.

Nous marchions ainsi depuis deux heures,
lorsque nous découvrîmes un lac, d'une immense
étendue et d'une grande profondeur, qui était peuplé de milliers de canards sauvages. Tengkou Temana nous raconta que ce lac lui fournissait la
meilleure partie de ses revenus ; que l'on y péchait
chaque année des crevettes par centaines de pikoul,
et une énorme quantité de poissons de l'espèce
nommée *djoumpoul*, ainsi que beaucoup d'autres ;
que cette pêche se pratiquait au moyen de filets, à
l'époque de la mousson sèche, et qu'après avoir
fait bouillir et sécher à l'air ces crevettes, on les
vendait à des Chinois au prix de huit ou dix piastres
le pikoul. « Aussi, ajouta-t-il, un grand nombre de
fils de radja ont voulu s'emparer de ce district;
mais je ne l'ai pas souffert. Quand la fantaisie m'en
prend, je viens ici tirer les sarcelles : j'en abats ordinairement dix ou douze. J'ai interdit la chasse
sur ce lac, et dès que j'entends la détonation d'un
fusil, j'ordonne que l'arme soit saisie au délinquant,
et je lui impose une amende de cinq piastres. Aussi
personne n'ose venir chasser dans ce lieu : c'est ce

qui fait que les oiseaux y vivent très-familièrement. Ils y prennent leur gîte pendant la nuit, et le jour ils s'envolent dans les champs, en quête de leur nourriture. » Nous aperçûmes des sarcelles en si grande quantité que lorsqu'elles s'envolaient par troupes, on aurait cru entendre le bruit du tonnerre.

Après avoir cheminé assez longtemps nous parvînmes au kampong du radja Tengkou Temana. J'aperçus dans le voisinage quatre à cinq porcs accroupis dans les sawah. Cela m'étonna, car je n'avais pas vu un seul de ces animaux dans le pays de Kalantan. Tengkou Temana me dit qu'ils appartenaient à quatre ou cinq Chinois qui demeuraient chez lui pour diriger les plantations de poivre, de bétel et de légumes. En entrant dans ce kampong j'aperçus une dixaine de maisons qui n'avaient rien d'extraordinaire. Lui ayant demandé qui en était le propriétaire, je vis un sentiment de contrariété se peindre sur sa figure, parce qu'elles étaient aussi modestes que celles de tous les autres habitants. Il n'y a que deux ans, me dit-il, que j'ai emménagé ici, c'est ce qui fait que je n'ai pas construit de maison, ni restauré le kampong. J'ai l'intention de bâtir sur le bord de la mer, et de m'y fixer, afin de pouvoir exercer une surveillance plus facile, et observer les pirates qui viendront à passer.

Nous nous assîmes là quelques instants pendant que le radja donnait l'ordre d'aller chercher des noix de coco fraîches ou sèches, dans les différents kampong, comme si c'eût été son propre bien.

Il envoya en outre faire savoir dans chaque maison que des Européens étaient arrivés de Kalantan, où ils étaient allés porter une lettre du radja de Singapore, et que tout ce qui s'y trouvait, poules, noix de coco, ou bananes et autres denrées fussent apportées promptement, parce qu'ils voulaient partir le soir même. En entendant donner de pareils ordres, je dis à Grandpré en anglais : Vois comme les radja malays en agissent sans façon avec leurs sujets.

Nous avions emmené une chèvre de Kalantan : nous la tuâmes afin de la manger avec le radja. Ce fut le soir que nous fîmes ce repas; puis nous prîmes congé de lui. Il voulut nous faire reconduire. Grandpré partit à pied. Quant à moi, je ne pouvais en faire autant, parce que j'avais les veines des pieds engorgées depuis mon séjour à Kalantan, et que cette incommodité me faisait beaucoup souffrir. Alors Tengkou Temana me dit : Attends, Intché Abd-allah, je vais te faire transporter dans un djalor (1) sur le lac, tu arriveras plus promptement que ceux qui font le trajet par terre. Je montai donc dans cette embarcation avec un de nos matelots et un des hommes du prince. Il est impossible de se servir de la rame sur ce lac, parce que les eaux sont couvertes d'une mousse très-épaisse, et on ne peut avancer qu'à l'aide de la galle. Mais nous eûmes beau essayer de nous en servir, ce fut inutile, notre djalor ne bougea pas. Les mous-

(1) Sorte de canot.

quites et les cousins voltigent sur ce lac par myriades, et nous dévoraient. Rebuté par tant d'obstacles, je préférai faire la route à pied, et tous les trois nous nous mîmes en marche.

Lorsque nous fûmes parvenus au milieu des sawah, j'entendis un bruit, comme celui d'une tempête déchaînée, qui m'effraya. Mon guide me rassura en me disant que ce bruit provenait des bœufs, des buffles et des chèvres qui avaient peur de nous. J'aperçus en effet des troupeaux de ces animaux dormant tout le long des sawah, sans être parqués, ni surveillés et vivant dans un état de liberté complète. J'appris qu'ils appartenaient aux habitants du kampong voisin, et qu'ils se réunissent ainsi par bandes pour ruminer. Les uns sont dévorés par les tigres, les autres meurent naturellement, d'autres se propagent, sans que personne s'en préoccupe le moins du monde. Mon guide me dit que les habitants du pays laissaient ces animaux sans les traire, ne se souciant pas de lait; qu'ils ne font aucun cas de la viande, et qu'ils préfèrent infiniment le poisson. Ces paroles me firent réfléchir que si ces troupeaux étaient en la possession d'un homme industrieux à Singapore, il se ferait une fortune considérable par le revenu qu'il en tirerait. Tous les animaux, à Sabak, et toutes les plantations me parurent magnifiques. Enfin, nous arrivâmes sur le bord de la mer et je me rendis aussitôt à bord, cette nuit.

Dans l'excursion que j'avais faite, j'avais remar

qué qu'à tous les bambous étaient suspendus des nids
de l'oiseau appelé *tampoua*. Je donnerai au lecteur
quelques détails sur cet oiseau. Il est tout petit, mais
surpasse tous les autres par son habileté à construire
son nid. Il le forme avec des feuilles de bambou, qu'il
déchire presque aussi menues que des cheveux, et
qu'il entrelace avec tant de solidité, que lors même
qu'il tomberait de la pluie pendant une année en-
tière, elle n'y pénétrerait pas, et que si l'on plon-
geait ce nid dans l'eau, il resterait imperméable.
L'ouverture est pratiquée par le bas ; dans l'intérieur
sont des compartiments où le tampoua se retire pour
dormir pendant la nuit. Il fait la chasse aux mou-
ches-luisantes, et après les avoir prises il les dépose
dans ces interstices. Pour les empêcher de s'envoler,
il les comprime avec un peu de coton kabou-ka-
bou (1). Elles lui servent de lampe. Telle est l'instinct admirable du tampoua pour bâtir son nid.
Mais l'homme seul a la raison en partage.

Ces faits ont donné lieu aux Hindous, dans leur
livre intitulé : *Schinda-Mani*, de faire de l'indus-
trie de cet oiseau un apologue, pour indiquer qu'il
ne sert de rien d'enseigner les meilleures doctrines
aux gens vicieux. Telle est l'origine du récit suivant : Un jour il s'éleva une bourrasque des plus
violentes, et le ciel versait des torrents de pluie. Les
singes surpris par l'orage se mirent à courir, cherchant
partout un abri. L'un d'eux vint se réfugier sous le
nid d'un tampoua : transi de froid, il grelottait.

(1) Une sorte de coton qui sert à faire des oreillers.

A cette vue l'oiseau lui dit : O singe, est-ce que Dieu ne t'a pas donné un corps bien plus grand que le mien, une force supérieure à celle que je possède? Pourquoi donc ne sais-tu pas te construire une habitation où tu trouverais un asile contre le mauvais temps ? Pourquoi es-tu ainsi l'ennemi de toi-même par ton indolence? A ces mots le singe furieux répliqua : Eh quoi! tu tiens des propos bien arrogants, parce que tu as un joli nid. De quel droit t'occupes-tu de moi? A ces mots il abattit le nid, et le mit en pièces. De là vient cet apologue, qui dit que l'habileté du tampoua, si profitable pour lui-même, lui devint funeste en cette occasion, parce que le singe est un animal dont l'instinct est très-borné. Nous devons donc déduire une moralité de ce récit, car le sage a dit : Celui-là est vraiment joaillier, qui se connaît en pierres précieuses, c'est-à-dire, l'homme intelligent est celui qui comprend la signification cachée des mots.

Vers le matin je me rendis avec Grandpré à terre, pour aller à la recherche de Tengkou Temana; nous le trouvâmes dormant encore, dans une maison située sur le bord de la mer. Il était onze heures lorsqu'il se réveilla. L'habitude de mâcher sans cesse de l'opium bouilli l'avait rendu d'une maigreur telle que l'on apercevait ses os à travers la peau ; ses lèvres étaient devenues noires et il avait perdu ses forces. Dès qu'il fut levé, je me mis à l'entretenir du projet que j'avais de partir, dès que les bateaux pêcheurs seraient arrivés.

Mon cœur ne pouvait s'empêcher de s'éprendre de pitié pour ce jeune prince, qui avait contracté cette pernicieuse habitude de l'opium. J'en avais été instruit à Kalantan, et je désirais depuis longtemps l'admonester à ce sujet. Mais comme je craignais de le faire rougir, je lui avais toujours épargné cette leçon. Je pensai qu'alors la circonstance était favorable, et je commençai ainsi : Garde-toi, Tengkou, de l'opium, source de tant de maux, destruction et ruine de la santé. Tu as raison, seigneur, me dit-il, mais c'est une habitude invétérée chez moi et dont je ne puis me défaire ; elle est d'ailleurs honorable pour des radja, et elle est pour moi un remède souverain. Eh ! quoi, lui dis-je, il ne serait donc pas convenable de proscrire un vice ! Écoute, Tengkou, voici les vertus de l'opium : d'abord il est interdi par la religion musulmane, ensuite il ruine la santé et la bourse, il produit la paresse et fait perdre le temps, il emporte la réputation d'un homme, et enfin il est un objet d'horreur pour tous les gens de bien. Tous ces effets se retrouvent en toi. Ta santé est perdue, ta fortune dépensée, l'indolence te domine, et tu n'as qu'un désir, celui de dormir nuit et jour. Tu prétends que l'usage de l'opium est honorable pour les radja, ce n'est pas mon avis ; que ce soit un remède, je ne le pense pas non plus. Aurais-tu perdu le sens ? Réfléchis : si l'opium était bienfaisant, est-ce que les Européens, qui nous sont bien supérieurs et qui ont des richesses considérables, n'en useraient pas ? Est-ce qu'il ne provient pas de

leur pays et n'est pas étranger aux contrées malayes?
Il y a plus : l'Alcoran et nos livres religieux l'interdisent formellement. Le diable seul se réjouit de voir en usage cette substance malfaisante.

Lorsqu'il m'eut entendu parler ainsi, il baissa la tête et resta un moment plongé dans ses réflexions, puis il me répondit : Tout ce que tu viens de dire, seigneur, est parfaitement vrai. Je me repens de beaucoup de mauvaises actions que l'habitude de l'opium m'a fait commettre ; mais, s'il plaît à Dieu, j'y renoncerai.

Ensuite je lui demandai la permission de visiter les kampong. Volontiers, seigneur, me répondit-il, tout ce qui te fera plaisir tu peux le prendre, comme noix de coco, et autres fruits qui s'offriront à ta vue. Merci, Tengkou, lui dis-je, je ne veux que me promener. Alors je me dirigeai vers les maisons voisines. Un groupe de cinq à six personnes vint à moi pour m'engager à m'asseoir, et me faire des offres de service, et en même temps pour me demander des nouvelles de Singapore. Je leur dépeignis la liberté et la tranquillité dont chacun jouit sous la protection du drapeau anglais. Seigneur, me dirent-ils, emmène-nous avec toi, et prends-nous pour tes serviteurs, car nous ne pouvons plus endurer de vivre sous le gouvernement des radja malays, et leurs exactions nous écrasent. Je les engageai alors à m'en faire le tableau. C'est impossible, me répondirent-ils, par la crainte que nous avons que tu ne répètes nos paroles au radja, qui nous tuerait infailliblement. Je les assurai qu'ils n'avaient rien à craindre de ce côté. Eh ! bien, me dirent-ils, chaque jour nous travaillons pour le compte de ce prince, sans qu'il nous donne rien pour notre nourriture et pour celle de notre famille, à l'entretien de laquelle il nous faut cependant pourvoir. Nos prahou, nos récoltes et tout ce que nous possédons, au moindre désir, il nous les prend sans indemnité. Si nous avons quelque objet précieux, ou quelque fille d'une figure agréable, il nous les enlève, sans que nous puissions nous y opposer, et en cas de résistance ou de refus de notre part, il nous ferait périr sous le poignard. Telle est notre condition à nous qui habitons les pays malays; nous sommes comme dans l'enfer. Nous serions heureux d'être emmenés chez les Européens, parmis lesquels nous aurions la liberté et la tranquillité. Mais, leur dis-je, si vous vouliez aller vous fixer dans un autre pays, le radja vous y autoriserait-il? Hélas ! seigneur, celui qui songerait à émigrer, serait condamné à mort, et ses biens confisqués, si ses projets étaient découverts.

Au bout de quelques instants, Tengkou survint, qui me demanda de quoi je m'entretenais si longuement avec ces gens-là. De rien de particulier, lui répondis-je; mais ces serviteurs de Dieu me font la confidence des misères et des soucis de leur condition. Ne t'occupe pas d'eux, reprit-il, car leurs désirs sont immodérés. S'ils pouvaient tous devenir radja et être maîtres du pays, alors seulement ils seraient satisfaits.

Je lui répondis : rappelle-toi, Tengkou, que Dieu te demandera compte un jour à venir de ta conduite envers ces peuples. Les premiers dans l'enfer seront les souverains qui auront opprimé leurs sujets, tandis que les places les plus distinguées dans le ciel seront réservées aux princes qui auront pratiqué la justice. Ne pense pas que les hommes élevés au rang suprême soient plus grands et plus honorables que les populations qui vivent sous leur dépendance ; ce sont au contraire les plus petits et les moindres de tons, c'est-à-dire les serviteurs des serviteurs de Dieu.

Tu serais habile, me dit-il, à réciter la khotba (le prêche) : reste ici ; je t'établirai kadhi (juge) et prédicateur. Avec ta permission, Tengkou, repris-je, je demanderai à Dieu qu'il ne me fasse jamais habiter un pays malay, et qu'il m'éloigne du voisinage des radja qui les gouvernent ; car ceux qui vivent près d'eux sont comme s'ils avaient pour compagnon un serpent venimeux qui, à la plus légère faute, leur mordrait la prunelle de l'œil. Il se mit à rire et me dit : Toutes tes paroles sont vraies, mais il t'est impossible de retenir ta langue. Après quoi je me mis à parcourir avec lui le rivage pour épier le passage des bâteaux pêcheurs.

Tout en me promenant auprès des maisons qui bordent la mer, je vis que par dessous elles étaient encombrées d'ordures et de débris dont la puanteur arrivait jusqu'à mon cerveau. Le caractère apathique de ces Malays les porte à vivre, sans y faire attention, au milieu de ce foyer d'infection, dont les

miasmes engendrent souvent des maladies. Ils croi-
raient faire un acte contraire aux lois de Dieu, qui
a donné à ces odeurs une pareille nature, s'ils re-
poussaient loin des habitations, où ils passent leur
vie, les tas d'immondices d'où ces odeurs s'exhalent.
C'est chez eux une habitude qui leur a été léguée par
leurs ancêtres, et qu'à leur tour ils transmettront à
leur postérité la plus reculée.

Quelques instants après, à six heures précises du
soir, nous vîmes passer les bateaux pêcheurs. Nous
désirions tous faire voile de conserve. Mais les matelots de nos deux navires nous prièrent de rester jusqu'au lendemain, parce que Tengkou Temana devait
pratiquer une cérémonie qui consistait à faire franchir aux deux navires *le pied de l'ombre* (1). Le lendemain donc, vers les onze heures, il se rendit à bord,
et au bout de quelques instants, ayant mesuré l'in-
clinaison de l'ombre, il s'écria : Encore un moment.
Grandpré et moi lui dîmes : Le vent est favorable,
Tengkou, nous voulons en profiter et partir. Les
matelots, à ces mots, se mirent en fureur contre
nous. Vous voulez partir, s'écrièrent-ils, et bien soit.
Mais si nous ne franchissons pas l'ombre sous des
auspices favorables, nous ne mettrons pas à la voile.
Nous jugeâmes prudent de garder tous deux le silence.

(1) En malay, *Tapak Bayang bayang*. Ces mots ont ici un
sens assez obscur, faute de renseignements détaillés sur la cérémonie superstitieuse décrite par Abd-Allah. Je suppose qu'il
s'agit du passage du navire sous l'ombre inclinée suivant un
angle déterminé par l'élévation du soleil sur l'horizon, à une
heure particulière du jour.

Lorsque le moment propice fut arrivé, Tengkou Temana prit de l'eau dans un tonneau, il la porta à l'avant et la répandit sur la tête du navire (1). Ensuite il emplit une seconde fois le tonneau avec une écope, et le vida, tandis qu'il faisait le tour de l'embarcation, en longeant les bords. Puis il cria : Que chacun saisisse sa rame et s'asseye à sa place, sans bouger. Cela fait, il entra dans le fond de cale, prononça quelques paroles, souffla trois fois, puis il se rendit sur l'avant, jeta un regard fixe vers l'arrière, juste le temps qu'il faudrait pour mâcher une bouchée de bétel ; ensuite, il alla se placer debout près du grand mât, porta ses yeux vers l'avant, et s'assit là. Un moment après il se leva, considéra attentivement les rameurs, et s'écria : C'en est fait, vous n'éprouverez aucun malheur en route, vous aurez seulement un peu d'inquiétude, mais ce ne sera rien ; ramez tous, ramez en même temps.

Dès que cette *inepte* cérémonie fut terminée, les deux navires s'ébranlèrent sous les efforts des rameurs. Grandpré et moi ainsi que tout l'équipage nous serrâmes la main à Tengkou Temana, et il nous fit ses adieux en nous souhaitant un bon voyage, et en nous recommandant de ne pas l'oublier. Si Dieu le permet, nous dit-il, et si cette guerre prend fin, je me rendrai dans le Détroit pour y porter quel-

---

(1) La *tête du navire* est sans doute ici la statue ou figure emblématique que l'on place ordinairement au sommet de l'éperon, pour annoncer le nom d'un bâtiment, et qui sert aussi d'ornement à la proue.

ques marchandises. Tu seras le bienvenu, Tengkou, lui répondîmes-nous. Ne nous oublie pas à ton tour. Alors il descendit dans son bateau, et tandis qu'il s'éloignait à force de rames, je lui renouvelai de loin mes compliments et mes adieux. En même temps nos navires le saluèrent de trois coups de canon. Aussitôt les deux grandes voiles, ainsi que le hunier, les *clin-focs* et les *focs*, furent largués à la fois sur les deux navires.

Nous voguions sur la surface des eaux avec la rapidité de l'oiseau qui fend l'espace. J'éprouvais intérieurement une vive satisfaction de ce que Dieu nous avait préservés des corsaires et de tous les dangers qui nous avaient menacés au milieu des troubles qui désolaient le royaume de Kalantan. J'étais frappé surtout des paroles du Radja Bandhara, quand il me racontait que son père, sur le point de mourir, avait recommandé à ses fils de se combattre les uns les autres, afin de décider quel serait celui d'entre eux qui, resté vainqueur, obtiendrait la couronne de Kalantan. Combien le caractère et les mœurs de ces radja malays sont durs et cruels! Mais il ne faut pas s'en étonner, parce qu'ils sont habitués dès l'enfance à donner un libre cours à leurs penchants vicieux, et qu'ils ont entre les mains un pouvoir illimité qui leur permet de satisfaire tous leurs caprices.

Ces sentiments dénaturés viennent aussi de ce que ces princes élèvent leurs enfants dans les plus mauvaises dispositions, et qu'eux-mêmes arrachent de

leur cœur tous les bons sentiments et en éloignent
l'amour paternel. C'est là un degré de perversité
qui les ravale au-dessous du serpent et du tigre;
car ces animaux n'ordonnent pas à leurs petits de
s'entre-tuer. Et cependant les radja sont des êtres
doués de raison !

Pendant que je me livrais à ces réflexions, un
vent frais et agréable enflait nos voiles. Une douce
langueur s'était emparée de mes sens, et je sentais
le sommeil me gagner. Je me souvins alors que
j'avais un cahier contenant une collection de ces
petits poëmes appelés *Pantoun*, qui m'avaient
été communiqués par des gens de Kalantan et par
des Orang-Laut. Je fouillai dans la poche de mon
badjou, et en ayant retiré ce cahier, je me mis à
chanter doucement ces vers, afin de me récréer et
passer le temps. J'apprendrai à ceux de mes compatriotes qui liront cette relation et qui ignorent les
règles de ce genre de poésie, que le Pantoun consiste en quatre vers, à rime croisée ordinairement,
le troisième se terminant par la même assonnance
le premier, et le quatrième par la même que le
second. Des quatre vers dont se compose ce poëme,
les deux premiers contiennent une image ou une
énigme dont les deux derniers donnent la moralité ou le nœud. Quelquefois il semble n'exister aucune liaison entre cette image et la pensée morale
qui en forme la contre-partie, et les deux premiers
vers paraissent n'avoir été faits que pour le besoin
de la rime, ou l'attrait de l'assonnance.

L'air sur lequel je chantais est celui-ci : *Dendang dendang* (1), et les rameurs répondaient : *Ayoh nona* (2). Ensuite je continuais l'air : *Dendang di dendang, lala di lalih* (3), et les rameurs reprenaient : *Ayoh nona, sinoundoung noundoung dinoundoung, beden terbouang* (4). C'est de cette manière que nous chantâmes tous les pantoun de mon recueil; en voici un exemple :

Moi seul. 1er vers.

Baïk-baïk berlayar malam.

Refrain des matelots.

Ayoh nona.

1er vers répété.

Baïk-baïk berlayar malam.

Refrain.

Ayoh nona.

2e vers.

Harousgna dras , karanggna tadjam.

(1) Chante, chante.

(2) Hélas ! jeune fille.

(3) Les mots *lala di lalih* me paraissent être une simple allitération ajoutée comme refrain et n'avoir pas de sens.

(4) Hélas ! jeune fille, tu es chassée, chassée, tu es abandonnée. — Je dois avouer que je ne suis pas très-certain d'avoir bien traduit ces paroles. Ce fragment de chanson est beaucoup trop court, et ce ne serait pas trop peut-être de la posséder en entier pour savoir à quoi le poëte veut faire allusion. Le mot *noundoung* est, je crois, un mot javanais qui signifie *chasser, verdrijven* dans les lexiques javanais-hollandais. Le mot *beden* est arabe et veut dire littéralement *corps,* mais il me parait devoir être pris ici dans le sens du pronom de la seconde personne, d'après une acception qu'autorise quelquefois l'usage de la langue malaye.

Refrain.
Ayoh nona sinoundoung noundoung dinoun-
doung , beden terbouang.

3e vers.
Tchari-tchari ma'lim yang paham.

Refrain.
Ayoh nona.

4e vers.
Disitou-lah bagnak kapal tangglam (1).

Refrain
Ayoh nona sinoundoung noundoung dinoun-
doung , beden terbouang.

Sur les quatre heures du soir nous parvînmes à
Kwala-Basout, où stationnaient les corsaires que
nous avions rencontrés. Tout à coup le ciel s'ob-
scurcit, *un pied de vent* monta à l'horizon, tandis
que les éclairs s'entre-choquaient. Un moment après
il s'éleva une bourrasque du sud-est qui nous cou-
vrit d'eau en faisant jaillir les vagues à une hauteur
prodigieuse. L'eau entrait dans le navire de toutes
parts. Les nattes qui nous servaient de lit et nos
badjou étaient tout trempés. Alors on fit jouer les
pompes sans relâche. Nous ne tenions plus de route
certaine; impossible de jeter l'ancre à cause de la
hauteur extrême des vagues. Les uns disaient qu'il
fallait essayer cette manœuvre; les autres, que dans

(1) Il serait à propos de naviguer pendant la nuit ;
　Mais ces courants sont rapides, et les bancs de corail
　　hérissés de pointes tranchantes.
Cherche un pilote habile ;
Car là un grand nombre de navires ont fait naufrage.

ce cas nous sombrerions à l'instant même. Tandis que nous étions emportés ainsi à l'aventure, la corde appelée sway (1), qui retient une des voiles, se cassa. Nous carguâmes aussitôt nos voiles, et la corde ayant été rajustée, nous les hissâmes de nouveau. Cependant, vers le milieu de la nuit, le vent cessa et la mer se calma un peu. Nous vîmes alors que nous étions séparés du petit navire : nous lui fîmes deux ou trois signaux avec notre fanal, auxquels il répondit à une si grande distance, que le sien ne nous apparaissait plus que comme une étoile. Alors nous jetâmes l'ancre pour l'attendre.

Sur les cinq heures du matin nous reprîmes notre route, et comme l'autre navire ne nous atteignait pas, nous mîmes en panne pour lui donner le temps de nous rejoindre. Vers cinq heures et demie du soir nous arrivâmes à Talok-Bari, où nous relachâmes un instant pour faire de l'eau et prendre du riz pour le Water Witch. Ayant continué de naviguer toute cette nuit, à cinq heures du matin nous étions dans le port de Trangganou. En étant partis, nous voguâmes toute la journée, et au coucher du soleil nous parvinmes à Kwala-Doungoun (2). De là nous arrivâmes sur le matin très à bonne heure, à Tandjong-Toudjoh, et sur les quatre heures du soir à Kamaman. J'entendis crier

(1) Le mot sway est anglais et désigne la corde qu'en français nous appelons *itague* ou *drisse*.

(2) Nom d'une localité et d'une rivière au sud de Trangganou. Voir le cahier de février-mars, page 161, note 1.

à grand bruit les paons dans les forêts. Les gens du navire m'apprirent qu'effectivement il y en avait dans ces bois une très-grande quantité. Nous relachâmes à Kamaman quelques instants pour faire de l'eau, prendre de l'herbe pour les chèvres et nous baigner. Grandpré et moi nous suivîmes à terre ceux de nos matelots chargés d'aller chercher de l'eau.

Dans le port de Kamaman on compte dix à douze maisons habitées par des pêcheurs. Vers le haut de la rivière, après l'avoir remontée pendant une heure, il y a une population assez considérable dont le radja se nomme Tengkou Wok. Tout en cheminant pour aller nous baigner, nos gens nous racontèrent que d'après une vieille coutume, quiconque va se plonger dans une source qui est voisine de ce lieu, doit, en sortant de l'eau, faire un nœud au feuillage d'un pandanus qui croît auprès, et que si on omettait cette formalité, l'on gagnerait une maladie, car le Pouaka c'est-à-dire, le génie gardien de la source, veille là sans cesse, et un tigre se montrerait au fond de cette source. Parvenu à cet endroit, j'aperçus un ruisseau qui descend d'une colline, et dont les eaux sont d'une limpidité parfaite et fraîches comme de l'étain. Je m'y baignai, tandis qu'une partie de nos gens prenaient l'eau qui nous était nécessaire et que les autres cherchaient de la nourriture pour les chèvres.

Sur les bords de ce ruisseau s'élève le pandanus dont on m'avait parlé ; toutes ses feuilles étaient bouclées. Une fois que je me fus baigné, nos gens ne manquèrent pas de me rappeler la cérémonie usitée dans cette circonstance. Grandpré et moi, nous eûmes la faiblesse de nous prêter à ce que nous demandait leur sotte crédulité. Mais je pensai que si je m'y refusais, et que si quelque accident fâcheux survenait en route, ils ne manqueraient pas de nous l'attribuer. C'est ainsi que la rupture de la corde, dont il vient d'être question, leur avait paru justifier la prédiction de Tengkou Temana, et avait fait naître dans leur esprit la confiance la plus aveugle en cet homme. « Il est vraiment habile Tengkou, disaient-ils, à faire franchir aux navires le pied de l'ombre. L'accident qu'il nous avait annoncé, c'est la tempête que nous venons d'essuyer, et la rupture de notre cordage. »

Nous continuâmes notre route par un vent du sud qui nous ballotta d'un côté et d'autre toute cette nuit. Puis nous jetâmes l'ancre à Tandjong-Batou. Il était environ deux heures lorsque nous nous remîmes en route, et nous dépassâmes le port de Pahang. Le matin, vers les onze heures et quelques minutes, le vent s'apaisa, et, ayant jeté l'ancre entre Poulo-Tioman et Soungey-Andau (1), nous fîmes une halte d'une heure à peu près. Le soir nous atteignîmes Poulo-Kaban. L'obscurité étant venue, nous perdîmes de vue notre

(1) Poulo-Tioman est une île située vis-à-vis la partie sud de la côte de Pahang, par 2° 55' lat. N., et 101° 54' 45" long. E. La position de Tioman nous donne celle de la rivière Soungey-Andau, sur la côte en face.

petit navire. Pendant cette nuit, nous lui fîmes cinq ou six fois des signaux avec le fanal, sans qu'il y répondît. Nous continuâmes de naviguer péniblement toute la nuit, mais sans nous arrêter, car ces parages sont ordinairement infestés de pirates qui se tiennent en embuscade.

Le matin nous étions près de Poulo-Tinggi (1) lorsque nous aperçûmes notre petit navire en avant. Ensuite nous découvrîmes un prahou-tob (2) dont nous approchâmes pour avoir des nouvelles. Le capitaine était Bouguis (3), et il avait avec lui quatre hommes de sa nation et six ou sept Chinois. Ils nous dirent qu'ils se rendaient à Pahang, qu'il y avait quatre jours qu'ils avaient quitté le Détroit, et qu'à Pagnousouk, au moment où ils s'éloignaient du rivage, ils avaient aperçu douze prahou corsaires qui cinglaient vers la pleine mer.

Nos rameurs se mirent à l'œuvre et nous abordâmes

(1) Littéralement *Ile haute*, située au sud de Poulo-Tioman, en face de la côte de Djohor, par 2° 17' de lat. N., et 101° 33' 45" de long. E. suivant les Annales Maritimes, par 101° 46' 45" de long. E. suivant Purdy.

(2) Sorte de navire chinois.

(3) Les Bouguis, nation qui habite la partie méridionale de l'île Célèbes aux environs du golfe Boni. De tous les peuples de l'archipel d'Asie, les Bouguis sont les plus actifs commerçants, les plus industrieux manufacturiers. Leurs prahou sillonnent ces mers dans tous les sens, et ils ont fondé des établissements dans un grand nombre de villes et de localités. Ils ont des colonies à Endé ou Florès, à Siboukou, Sambakoung, Batoro, dans la province de Tiroun, qui occupe le nord-est de Bornéo, ainsi qu'à Pontianak sur la côte occidentale.

à Talok-Biya (1) dans l'intention de faire de l'eau, nous baigner et cueillir de l'herbe pour les chèvres. Puis nous naviguâmes toute cette nuit, et le lendemain matin nous parvînmes à Pagnousouk. Dans l'intervalle nous fûmes assaillis par un vent d'ouest extrêmement violent; il semblait qu'il allait nous enlever. Les vagues étaient énormes et nous étions tout trempés par l'eau qui entrait de toutes parts. La mer était si irritée que nous ne pûmes jeter l'ancre, et nous n'allions plus qu'avec un seul foc. Nous aperçûmes deux prahou armés en guerre qui naviguaient dans les eaux de Pangarang.

Vers midi le vent cessa et les vagues étaient comme de l'eau dans un doulang (2). Nos hommes recommencèrent à ramer, et sur les trois heures du soir nous atteignîmes Tanah-Merah-Bésar, non loin de Soungey-Badouk. Nous espérions tous entrer de jour à Singapore, et nous fîmes force de rames parce que le vent nous manquait.

Parvenus à Tandjong-Katong, nous tirâmes quatre coups de canon à boulets. Sur les sept heures du soir, le vingt-neuvième jour du mois de Moharrem de l'an 1254, la nuit du samedi, au moment propice, grâce à la protection de Dieu et aux prières de nos proches et de nos amis, nous entrâmes dans

(1) Littéralement la *Baie des Coquillages.*

(2) Table ronde à portée de personnes assises sur le sol à l'orientale, et sur laquelle on pose le plateau appelé *talam*: voir le cahier d'avril, page 12, note 2. — L'auteur veut dire sans doute que la mer était aussi tranquille et aussi unie à sa surface que de l'eau contenue dans un plat posé sur un doulang.

le port de Singapore, en santé et prospérité. Après toutes les disgrâces que nous avions essuyées, nous aurions pu être comparés à des morts sortant du tombeau pour revenir à la vie.

Lorsque nous eûmes mis pied à terre, nous nous rendîmes, Grandpré, Baba Ko-An et moi, chez Baba Boun-Tyoung pour lui remettre la lettre dont nous avait chargés pour lui le radja de Kalantan, et lui présenter nos civilités. Vous voilà donc arrivés sains et saufs, nous dit-il; malheureusement je n'ai pas en ce moment un seul duite pour vous payer. Allez-vous-en chacun chez vous; demain j'en conférerai avec Baba Kim-Swi, et plus tard nous nous retrouverons tous ici réunis. En entendant ces paroles je me sentis défaillir, persuadé qu'un nouveau malheur m'attendait à mon arrivée.

Chaque jour Grandpré et moi nous retournions chez Baba Boun-Tyoung pour réclamer notre salaire, et chaque fois il paraissait ennuyé de nos instances ; tantôt il prétextait n'avoir pas d'argent, tantôt il donnait quelque autre défaite. A toutes ces raisons nous opposions sans cesse les mêmes réclamations. Toutefois il ne réussit pas à nous frustrer ce qu'il nous devait. Convaincus qu'il ne voulait pas nous payer, et désirant mettre un terme à toutes ces allées et venues, nous nous rendîmes au tribunal pour y exposer notre affaire. Grandpré voulut présenter une requête. Lorsque les Chinois eurent appris notre démarche, ils firent appeler Grandpré et lui comptèrent en entier la somme

convenue avec lui, c'est-à-dire cent vingt piastres,
en lui recommandant de ne m'en rien dire. Après
quoi ils voulurent me payer une partie seulement de
ce qui me revenait; mais je ne voulus pas l'accepter.
Ils objectaient qu'ils n'avaient fait aucun arrange-
ment avec moi; ils osèrent même en faire le serment
et renier leur parole. Si nous avons passé un accord,
disaient-ils, produis-le avec notre signature. Nous
ne te devons que vingt piastres. Au bout de quelques jours Baba Po-Eng vint m'en offrir quarante,
que je refusai également, puis soixante, que je ne
voulus pas davantage.

Enfin ce débat parvint à la connaissance d'un
homme de bien qui m'avait voué de l'intérêt, à moi
pauvre créature, victime de tant de vexations. Il
me conduisit au tribunal où j'allai porter plainte à
M. Loch, et par un effet de la protection bienveil-
lante de ce dernier, mon argent me fut payé en
entier, quatre-vingts piastres. C'est au tribunal
même que cette somme me fut remise, et je la reçus
en adressant mille remercîments à ceux qui me l'a-
vaient fait obtenir.

Cette relation a été finie l'année 1254 de l'hégyre,
le premier jour du mois de rabi' premier, un vendredi matin, c'est-à-dire en l'année 1838 de l'ère
chrétienne, le vingt-cinquième jour du mois de mai

FIN.